国家社科基金丛书
GUOJIA SHEKE JIJIN CONGSHU

新中国成立初期城市 工商税收研究（1949—1953）

A Study of the Urban Industrial and Commercial Taxation
in the Early Period of the New China(1949—1953)

蒋贤斌　著

人民出版社

目　　录

绪　　论

一、研究旨意

新中国成立初期，中国共产党领导的税收部门由农村进入城市，在城市税收方面取得了显著成就。最直观的体现是征收的税款数量远远超过国民党政府水平，尤其是城市工商税收大幅增长，与农业税的比重也更加合理。即使不考虑城市治理对于当时执政的中国共产党人而言是一个新课题（城市税收是城市管理中最具技术性和复杂性的工作之一），仅考虑以下两个具体因素，也会对这一成绩感到惊讶：一是在税收政策上取消了国民党政府时期的不合理税捐；二是基层税收人员既包括来自革命队伍的"老干部"，也有新招募的"新干部"，他们在税收业务方面都属于新手，而熟悉业务的人员多为国民党政府留下的"旧职员"。有研究者用"新政府，旧官僚"来描述这一现象。在这种情况下，新政权的税收部门如何能取得远超旧政府的成绩？短期内税务机构的征税能力为何能大幅度增强？中国共产党新政权在税收政策与理念上与旧政权有哪些不同？这些都是本书的研究重点。当然，进一步探讨 20 世纪 50 年代初期城市工商税收政策与方法的承接和革新的演变、新政权的政治（理念与运动）与税收的互动、地方税务机构建立与"旧官僚"改造、工商税收与工商业者的生存与发展等方面，也是本书要研究和解决的问题。

二、文献综述

学术界对新中国成立初期城市工商税收及其相关研究主要从以下三个方面展开。

一是编年史性质的资料整理与研究。其中最具代表性的成果是1988年出版的刘志城主编的《中华人民共和国工商税收史长编》第一部《社会主义工商税收的建立和发展（1949—1982年)》。该书分为三部分，较为全面而系统地对1949年至1982年期间中国工商税制和税收工作的历史演变、各税种的沿革、税务机构和体制的变迁，以及工商税收管理等进行了历史的梳理与记述。该书内容系统且史料翔实，采用了历史长编的体例，引用的史料主要涵盖全国性和有代表性的文件，其中许多是未公开的内部文件。20世纪90年代中期以后，中国社会科学院、中央档案馆相继编辑出版了《中华人民共和国经济档案资料选编(1949—1952)》丛书，其中财政卷、工商体制卷、工业卷等卷册公开了一些关于城市工商税收的资料。2009年，《当代中国的工商税收》出版，该书第一章分五节对新中国工商税收的创设进行了纲要性的介绍与论述。

二是对这一时期工商税收体制、政策以及重大事件的研究和探讨。1991年，中共中央党校出版社出版了薄一波著作的《若干重大决策与事件的回顾》。薄一波是新中国成立初期的中央财经委员会副主任和财政部部长，直接领导当时的国家税务部门。在书中，他回顾了新中国成立初期财税统一、机构建立以及相关重大政策出台的前因后果。这本书在改革开放之后撰写，具有较强的反思和探讨性质，具备重要的史料价值。此外，赵昭的《建国初期（1949—1956年）税收工作的简要回顾》以及姚会元的《建国初期的工商税制改革》对当时税制政策的出台和变革进行了一定程度的研究。姚会元指出："建国初期，工商税收的改革与发展大体经历了三个阶段，即统一税收、调整税收和改革税制。"关于新中国成立初期发生的重大事件——
"修正税制"事件，薄一波、林蕴晖等都进行了研究和介绍。其中，武力于
2005 年发表在《中国社会科学》杂志的论文《一九五三年的"修正税制"
及其影响》最具代表性。武力认为，1953 年初的"修正税制"本质上是工
商税收方法和政策的调整，然而之所以引发轩然大波，导致了中华人民共和
国成立后第一次激烈的党内斗争和党政关系的改组，是与当时党内不同的社
会发展思想、党政关系、中央与地方关系、公私关系以及工商关系密切相关
的。这一事件的影响具有深远意义。

　　三是对中华人民共和国成立初期税收部门征税能力提升原因、方法以及
税收理念的分析和探讨。王绍光的英文论著 *The Construction of State Extrac-
tive Capacity:Wuhan, 1949—1953* 以及发表在《中国社会科学》杂志上的《国
家汲取能力的建设——中华人民共和国成立初期的经验》是两篇具有重要影
响的研究论文。王绍光认为，新政权在建立初期提升征税能力的主要原因在
于其高度的自主性，摆脱了国民党政府时期的既得利益包袱，全力调查工商
业主的营收状况，并建立了一套有效的税务人员管理制度。他的研究不仅以
中国中部地区最大的城市武汉为例进行了翔实的个案论证，还将新中国税收
与第三世界发展中国家进行了比较研究，这些研究结论产生了较大的学术影
响。2005 年，台湾学者陈永发发表了题为《中共新中国成立初期的工商税收：
以天津和上海为中心》的论文，提出了与王绍光不同的观点。他认为，新中
国税收能力的提升不能完全用"制度化"来解释，财经的高度中央集权、组
织纳税户的能力、阶级斗争的政治动员，以及对纳税户分而治之的策略等因
素也是重要的。台湾学者林美莉在 2006 年发表的论文《从自报实缴到民主
评议：上海工商业税的税政转折（1949—1950）》对 1949 年至 1950 年上海
工商税收方法的变化进行了个案研究，探讨了新中国成立初期中国共产党的
税收政策变化。对于当时的税收方法，拙文《新中国成立初期关于税收方法
的讨论》《"民主评议"的实施与调整——建国初期城市工商税收方法、政策

研究》也进行了具体的历史分析与论证。

综上所述，海内外学术界对新中国成立初期城市工商税收的研究已经取得了一定成果，为进一步深入探讨相关议题奠定了坚实基础和广阔的讨论空间。然而，从本书的研究目标和取向来看，现有的研究还存在一些局限性：第一，现有的研究要么从全国经济宏观角度讨论工商税收，要么集中于特定重大事件和问题方面进行研究，而缺少对城市工商税收进行整体性、系统性的研究。第二，对于当时的中国共产党而言，城市工商税收是一个全新且重要的课题，而且城市税收工作又是其中最为复杂的一部分。相对于当时的复杂性，现有的研究过于简略，对于税制、政策、措施的制定背景、实施过程，以及其中涉及的争议和调整，都没有深入细致地探究；而对于税收的基层机构和工作，以及对税收机构内部"旧官僚"的改革方面，研究也相对不足。第三，正如马克思所言，国家存在的经济体现就是捐税。实际上，税收背后蕴含着政治因素。现有研究主要集中在实证性方面，而未深入基于"政治"对城市工商税收进行研究：新政权的领导者的政治观念、阶级立场、政治理想、社会治理观念是怎样的？这些观念又是如何融入相关制度、政策、措施和方法中的？是否存在变化和调整？新政权的税收理念和政策在工商业者、一般民众中引发了怎样的反应和互动？这些方面都需要进一步研究。

三、研究思路

基于现有的研究成果，本书依据档案资料和相关原始文献，聚焦于新政权建立初期国家和社会发生巨大变迁的背景，从新政权的执政现实、理想和理论出发，对当时城市工商税收政策及征税方法、城市税务机构的建立与"旧官僚"的改造、工商税收与资本主义工商业政策、政治运动与税收等多个方面的历史进行深入研究。

四、基本框架

第一章主要梳理与讨论中国共产党在革命战争年代的历史与经验。重点集中讨论战争时期中国共产党的税收理念、政策法规以及相关工作。同时，深入研究并呈现新中国成立初期执政党的工商税收理念和实践经验。此外，对共产党人在那个时期构建新社会、新城市的执政理念进行研究，同时分析解放战争时期中国共产党在资产阶级问题上的相关理论政策。

第二章主要研究和讨论从 1949 年 10 月至 1950 年 6 月期间新政权建立时的全国税务机构建设、税制统一以及税收政策改革调整的历史背景。深入分析新政权中央层面税务机构的建立过程，以及税收政策在变与不变方面的内容，包括相关理念、中央主要领导人的观点和理论。通过这些研究内容，勾勒出新政权在国家层面关于税收的政治、权力体系以及思想观念的历史"地图"。

第三章的主要研究内容集中在 1949 年至 1951 年期间地方城市税务机构的建立、运作，以及对"旧官僚"的改造和利用方面。有学者用"新政府，旧官僚"来描述新中国成立初期的地方税务机构，但这些机构的征税能力却远远超越了旧社会的水平。本章依据南昌等地的档案资料，采用实证研究方法，对新中国成立初期城市税务机构进行深入研究。研究内容包括机构的建立与组织结构、成员的构成、工作的开展情况；新政权如何使用、培训和留用旧职员的情况，新招收的工作人员情况，以及机构对工作人员的考核和淘汰情况等。通过这些研究，生动地呈现出当时地方税务机构的运作状况、工作人员的工作环境和状态，进而揭示新政权征税能力增强的原因。

第四章主要研究当时工商税收中所采用的征税方法及相关的争论。税收征税方法是税收实施的重要环节。新中国成立初期，在工商税收方面采取了"民主评议"和"自报实缴"的不同征税方法。其中，民主评议是新中国政府推行的一种新方法，当时引发了广泛争议。本章从民主评议方法的提出与实施的历史背景和理论出发，探讨它在实施过程中所存在的问题和争议，分析政府、学界、商界等不同领域的观点和分歧，进一步探讨民主评议方法的实施与当时工商税收效果之间的关系。

第五章的主要研究内容集中在当时的政治运动，特别是抗美援朝运动以及增产节约运动中的"三反"和"五反"运动对工商税收和工商阶层的影响。为了完成新民主主义革命的任务并巩固新政权，当时的新政权发起了一系列政治运动，包括土地改革、镇压反革命等。这些运动，尤其是"三反"和"五反"运动，直接涉及城市工商业者和工商业，因此也会对工商税收产生影响。本章研究政治运动与工商业、工商业者（纳税者）之间的关系和互动，讨论政治运动与税收之间的联系。这样的研究不仅有助于深入了解和把握新中国成立初期工商税收的历史，还有助于理解当时执政者的相关理念和政策。

第六章主要研究 1949 年至 1953 年工商税收与资本主义工商业政策的调整和变化。党的七届二中全会确定了新政府对待私人资本主义实施"利用"与"限制"的政策方针，其中"税收政策"被视为实施这一政策基调的重要手段。本章聚焦于讨论中华人民共和国成立初期，新政权如何通过工商税收来实现对私人资本主义的"利用与限制"，以及工商税收调整和变化对当时私营工商业发展的影响。此外，本章还深入探讨了这些因素之间的互动关系。

结语部分将 1949 年至 1953 年的新政权城市工商税收放在自抗战，尤其是 1937 年以来中国长期处于战争状态的恶性通货膨胀的历史背景中进行审视与分析。这将有助于更深入地讨论和解释中国共产党在城市工商税收方面所取得的成效。通过将这段时期的税收政策与经济环境相联系，可以更准确地揭示税收政策对于缓解通货膨胀、支持工商业发展以及新政权的经济建设所起到的作用。这样的综合分析有助于为读者提供一个更全面的历史背景，进一步凸显中国共产党在城市工商税收方面的政策和实践所产生的影响和意义。

第一章 革命战争年代的历史与经验

1949 年初，中国共产党即将全面执政。对于这个长期基于农村进行武装斗争的革命政党而言，执政城市成为一个重大的挑战。毛泽东在《论人民民主专政》中强调："我们熟习的东西有些快要闲起来了，我们不熟习的东西正在强迫我们去做。这就是困难。"因而，谆谆告诫全党人员："我们必须学会自己不懂的东西。我们必须向一切内行的人们（不管什么人）学经济工作。拜他们做老师，恭恭敬敬地学，老老实实地学。"①中共中央在从西柏坡进入北京之时，毛泽东说这是"进京赶考"，这个比喻也多少反映出"学"的姿态。

不过，1949 年的中国共产党绝非经历简单的"学生"，而是一个已有 28 年革命斗争与局部执政经验的革命政党。经过长期艰苦卓绝的革命斗争并取得最终胜利的中国共产党，不仅从弱变强，也积累了丰富的经验与自信。因而，研究和书写新中国成立初期的历史，必须回顾与了解中国共产党在革命战争年代的历史，否则就会陷入肤浅言说的境地。基于此，我们讨论新中国成立初期的城市工商税收，也必须先回顾中国共产党在革命战争年代的相关历史与经验。

---

① 《毛泽东选集》第四卷，人民出版社 1991 年版，第 1480—1481 页。

第一节　税收政策、理念与实践

中国共产党在成立时，旗帜鲜明地宣称自己是无产阶级政党，最终目标是实现共产主义，明确表达了对一切剥削制度和生产资料私有制彻底否定的态度。这样的立场与态度，当然也包括对剥削阶级国家的税收政策持否定态度。不过，党的一大的文件中并没有提到税收问题。中国共产党公开提出自己的税收主张是在党的二大前夕。1922 年 6 月 15 日，《中国共产党对于时局的主张》在论及党"目前奋斗的目标"时，列举出 11 项主张，其中有 4 项涉及税收问题："（一）改正协定关税制，取消列强在华各种治外特权……（六）定限制租课率的法律……（八）废止厘金及其他额外的征税……（十）征收累进率的所得税。"[①]此时的中国共产党已认识到，在半殖民地半封建社会的中国，为了实现社会主义革命，先要进行的是民主主义革命，革命的对象是帝国主义和封建军阀。正是在这种把共产主义理想落地和中国化的进程中，中国共产党提出了自己的税收主张。1922 年 7 月，在党的二大会议上，中国共产党在坚持实现共产主义这一最高纲领的前提下，制定了最低纲领，即反帝反封建的民主革命纲领，并提出了 7 项具体奋斗目标，其中第 7 项"制定关于工人和农人以及妇女的法律"提出："A.改良工人待遇……B.废除丁漕等重税，规定全国——城市及乡村——土地税则；C.废除厘金及一切额外税则，规定累进率所得税；D.规定限制田租率的法律"[②]。"改正协定关税制"是基于反对帝国主义的理念，"废除丁漕等重税""限制田租率"中提出"规定累进率所得税"，在当时的历史情境中，则彰显了中国共产党作为

---

① 《建党以来重要文献选编（1921—1949）》第一册，中央文献出版社 2011 年版，第 97—98 页。

② 《建党以来重要文献选编（1921—1949）》第一册，中央文献出版社 2011 年版，第 133—134 页。

无产阶级政党的阶级性特征：立于工农劳苦大众的立场。因为"废除丁漕等重税""限制田租率"就是要保护劳苦大众被政府、地主过多盘剥；而所谓"累进率所得税"是指对所得税按累进率进行征收，即税率随课税对象数额的增加而提高，数额越大，税率越高。这样，按累进率征税，负税程度与负税能力成正比，富裕程度越高税负越多，反之亦然。这一税率的设计既体现了对公平负担的追求，又充分照顾到了贫困者。归纳起来，1922—1927年，中国共产党在涉及国内税收政策主张和宣传方面，主张取消"普遍的苛捐杂税"，同时提出要"加征殷富捐所得税"，在税率上主张实行"统一的累进税"。① 前者是直接减轻工农民众负担，后者主张向富裕者征更多的税，间接地减少工农民众税负。

1927年国共第一次合作破裂后，中国共产党独立自主地开展土地革命，并建立了革命根据地。在根据地，中国共产党的税收理念与政策、执行与管理全面呈现出来。1928年7月，党的六大通过的《政治议决案》提出："取消一切政府军阀地方的税捐，实行统一的累进税。"②"实行统一的累进税"就是在所有的税种中都按累进率进行收税，包括农业税。在土地革命初期，由于战争状态及根据地的不稳定，红军及根据地政府的财政收入主要是通过战斗缴获、打土豪筹款、向富农和商人募捐等途径获取。③ 根据地稳定后，为保障革命的财政需要，立刻进行了税收的相关工作。一是在政策方面明确剥削阶级要承担财税主要负担。1930年6月，《富农问题——前委闽西特委联席会议决议》指出："土地工农累进税的目标是供给斗争的财政需要，在这个目标下以保护贫农联络中农打击富农为原则。……贫农自不能不出相当的土地税，但必须收得很轻，极贫的应该免税。……对于富农可以抽收高到

---

① 《中国革命根据地的税收》，中国税务出版社2011年版，第6—11页。

② 《建党以来重要文献选编（1921—1949）》第五册，中央文献出版社2011年版，第379页。

③ 参见《毛泽东选集》第一卷，人民出版社1991年版，第53、65、71页。

百分之十五的土地税，为了斗争的需要，得向富农无代价征收剩余粮食。"①二是在税率上实行统一的累进税。当时的农业税是以土地税或公益费的名义征收，按土地肥瘠、数量多少分等级进行征收。例如，闽浙赣根据地把田分为上、中、下三等，每亩上田收干谷 1 斗，每亩中田收 8 升，每亩下田收 5 升；湘鄂西根据地规定上田 10 亩征收 10%，25 亩以上征收 15%，40 亩以上征收 30%。有的根据地还开征了工商营业所得税，实行累进税，如闽西根据地规定营业税起点为 200 元，税率从 3% 到 30% 不等。②

1931 年 11 月，中华苏维埃第一次全国代表大会在瑞金召开，中华苏维埃共和国临时中央政府成立，选举毛泽东为中华苏维埃共和国中央执行委员会主席。大会通过了苏维埃宪法大纲、土地法、劳动法以及关于经济政策的决定等文件，这些文件清晰地展现了当时中国共产党的税收政策与理念。《中华苏维埃共和国宪法大纲》规定："中华苏维埃政权以消灭封建剥削及彻底的改善农民生活为目的……以保障工农利益，限制资本主义的发展，更使劳动群众脱离资本主义的剥削，走向社会主义制度去为目的，宣布取消一切反革命统治时代的苛捐杂税，征收统一的累进税……"③《中华苏维埃共和国关于经济政策的决定》确定了关于税收问题的原则：第一，税制要统一。苏维埃政府制定统一的累进税则，逐步改变各根据地"各自为政"的局面，在中国共产党领导下的根据地实行统一的累进税则。第二，税收政策贯彻阶级原则。"消灭国民党军阀政府一切的捐税制度和其一切横征暴敛，苏维埃另定统一的累进税则，使之转由资产阶级负担。苏维埃政府应该豁免红军、工人、乡村与城市贫苦群众家庭的纳税，如遇意外灾害亦应豁免或酌量减轻。"④1931 年 12

---

① 《中共党史参考资料》（三），人民出版社 1979 年版，第 71 页。
② 《中国革命根据地的税收》，中国税务出版社 2011 年版，第 36—40 页。
③ 《建党以来重要文献选编（1921—1949）》第八册，中央文献出版社 2011 年版，第 651 页。
④ 《建党以来重要文献选编（1921—1949）》第八册，中央文献出版社 2011 年版，第 717—718 页。

月颁布的《中华苏维埃共和国暂行税则》更明确规定，在商业税、农业税和工业税中均实行统一的累进税率。这些文件清楚表明，当时中国共产党的税收政策、理论就是实行统一累进，使富裕阶级多负担税赋，相应减轻贫困阶层负担。以农业税为例：贫农、中农的起征点为人均收入干谷4担，富农的起征点则是2担；贫农、中农的税率最低为1%，最高为16.5%，而富农的税率最低为1%，最高为18.5%。① 税收的阶级性革命性立场极为明晰。

不过，不能因此就把中国共产党土地革命战争时期的税收政策理解为只有阶级性、政治性的功能，没有为根据地财政服务的功能。这种理解是错误的，也违背历史事实。税收的存在就是执政者要解决执政机构的财政收入，以维护政权统治。任何性质的政府实行税收制度，必定要追求税收的经济数字（非政治）目标，土地革命战争时期的中国共产党也不例外。当税收不能满足根据地建设和革命战争的需要时，增税（向包括农民在内的各阶级群体增税）就不可避免。1932年6月，中国共产党在相关决议中指出："过去规定的营业税及土地税，确系太轻，议决呈请中央执行委员按实际情形加以修改。"随后，相关部门便讨论通过了修改税则的命令和土地税征收细则，决定降低农业税和商业税的起征点，并提高税率，以扩大税基，加大苏区税收负担面。② 在具体税率政策调整中，商业税税率的调整出现了这样的现象：资本越小增幅越大，资本越大增幅越小。具体说，资本在3000元以下的小商人，税负提高了2.5倍；资本在3000—5000元的中等商人，税负提高了84.5%；资本在5000元以上的大商人，税负提高仅为24.3%。③ 农业税在部分挡位也存在贫农、中农的税率增长高于富农的现象。④ 这说明，即使在最革命的环境中，税收仍然保持着为政府追求财政收入的本质。此外，中央苏

① 参见《中国农民负担史》第三卷，中国财政经济出版社1990年版，第79页。
② 《中央革命根据地工商税收史料选编》，福建人民出版社1985年版，第93页。
③ 参见《中国农民负担史》第三卷，中国财政经济出版社1990年版，第82页。
④ 《中国革命根据地的税收》，中国税务出版社2011年版，第80—81页。

区建立税收机构、发布税收公告与文件的这些努力，既为中国共产党后来管理城市提供了经验，也展现出其制度性建设的努力。

1937年，中国共产党与国民党政府建立抗日民族统一战线，进入全面抗日战争时期。中国共产党认识到，在抗战时期，民族矛盾是最主要的矛盾，建立抗日根据地，坚持持久抗战是主要任务。基于此，抗日战争时期中国共产党的税收理念有所变化，政策上也有一定的调整。相对土地革命战争时期，主要变化有以下几点。

第一，强调普遍纳税。在抗日民主根据地建立初期，中国共产党政权的征税对象主要是地主、富农等富有者，对广大贫苦大众少征税甚至不征税。所谓"钱多多出，钱少少出，无钱不出"。这一政策当时被称为"合理负担"，但是有碍于统一战线。在抗日民族统一战线的政策下，富裕的阶级和阶层，无论是地主、富农还是工厂主、商人，只要他们抗日，就是团结的对象，使他们税负过重，显然不利于团结抗日；同时，税收过重也会影响经济生产的发展。1940年，毛泽东指出："关于税收政策。必须按收入多少规定纳税多少。一切有收入的人民，除对最贫苦者应该规定免征外，百分之八十以上的居民，不论工人农民，均须负担国家赋税，不应该将负担完全放在地主资本家身上。"[1]1941年，陕甘宁边区政府主席林伯渠在县长联席会议上明确指出，关于税收政策，"原则上人民也应负担政府经费的最大部分"，"纳税是全体人民的义务"。[2] 不仅工人农民要纳税，公营经济也要纳税。"所有公营商店，应与私人商店一样，照章缴纳政策各项捐税，执行商店应尽的义务。"[3]

第二，实施统一累进税制。从一定意义上说，这是普遍纳税理念的落实。累进税制，如前文所述是中国共产党成立后就提出的一个重要税收政

---

① 《毛泽东选集》第二卷，人民出版社1991年版，第767页。

② 《抗日战争时期陕甘宁边区财政经济史稿》，西北大学出版社1988年版，第272页。

③ 《抗日战争时期陕甘宁边区财政经济史料摘编》第六编，陕西人民出版社1981年版，第232页。

策，土地革命战争时期，中国共产党在根据地一些稳定地区也进行了一定的实践与调整。当时，中国共产党在实施累进税制时，对它的阐述、宣传是：要迫使富裕阶级承担赋税，贫民阶级少交或免交。抗日民主根据地与土地革命战争时期的根据地一样都基本位于农村，农业税是主要税种。大致而言，抗战时期农业税制经过了从征收田赋、救国公粮、"合理负担"到统一累进税制度的过程。统一累进税，就是"把所有按资产或收入征收的税都统一于一种税制中，即把营业税、所得税、印花税、烟酒税和烟酒牌照税都合并到救国公粮中，只征收一种统一累进税"①。"统一累进税，统一是什么意思？即除此以外，别无其他捐税（关税、契税在外），同时税收统一于边区政府，只有边区政府有权运用。"②为落实统一累进税，根据地政府作出了非常精细的政策规范，较土地革命战争时期而言，更为丰富。对于统一累进税的理念、实施效果，研究者给予了相当高的评价，认为它是一种进步的、公平的税收制度，它的实施是财政税收从比例走向累进，从纷乱走向整齐的过程，使人民负担更趋向合理。③基于这一套精细的税收体制，有学者从历史高度肯定了这一制度的实施：基本实现了不同层次之地权享有者的合理公平负担，克服了传统田赋制度中有地无粮或有粮无地、地少粮多或地多粮少的弊病，是中国农业税的一次革命，体现了中国共产党卓越的制度创制能力。④

被今天的研究者所肯定的这些意义，在抗战时期并没有被强调。当时在解释、宣传累进税时，强调"累进税乃是应向我区内一切人民征收的税则"，

① 《中国革命根据地的税收》，中国税务出版社 2011 年版，第 129 页。

② 《抗日战争时期晋察冀边区财政经济史资料选编·财政金融编》，南开大学出版社 1984 年版，第 116 页。

③ 参见苏小平、贾海维：《论抗日根据地的统一累进税》，《中共党史研究》2000 年第 4 期；巨文辉：《统一累进税：抗日根据地财政建设的伟大创举》，《山西财经大学学报》2003 年第 3 期；周祖文：《"不怕拿，就怕乱"：冀中公粮征收的统一累进税取径》，《抗日战争研究》2014 年第 3 期。

④ 胡荣明：《地权与税制——抗日根据地农业税的结构性分析》，《中国经济史研究》2017 年第 1 期。

"累进税则应照顾极贫苦之工农……但是免征者不应超过百分之三十至百分之二十，以使百分之八十到百分之九十的人口，即绝对多数人口其中包含中农、贫农等基本群众，均须予适当地负担"。① 实行统一累进税"更确实照顾了各阶层的利益，负担面有了扩大，完全符合中共中央规定负担人数达到总人数百分之八十的政策"②。统一累进税是"向一切人民征收的税则"，包括贫农在内 80% 人口要负担税收，这些内容与要求，显然改变了土地革命战争时期宣传时强调要向富人多征税的指向，这表明中国共产党对税收的理解、阐释和运用发生了一个大的变化，革命性阶级性的解释没有了。当然，累进税的实施在事实上就会使富人多交税。调查显示，在冀中抗日根据地实施统一累进税后，统一累进税负担占家庭总收入的比率，贫农为 3.81%，中农为 9.76%，富农为 29.65%，经营地主为 21.77%。③ 富裕阶级的负担实际上远多于贫困阶级，但是，相关解释不再是阶级论，而是"公平合理"：有钱的人，多出钱。

第三，注意到税收与经济发展的关系，主张"先予后取""增收不增税"，鼓励经济发展。在抗日民主根据地，税收是财政收入的主要来源，税收越多，越有利于抗战与根据地的建设，而税收的多寡增减与经济状况直接相关。因而，毛泽东当时提出，为了抗战与革命，在"向人民要东西"（收税）之前，要先"给人民以东西"，即"组织人民、领导人民、帮助人民发展生产，增加他们的物质福利……确实生了成效之后"，再收税。④ 农业税是根据地的重要税源，农业税的征收是以粮食产量多少来进行征收，产量高，征税多；产量低，征税低。这种办法在平均负担上有合理一面，但损伤了农民的生产积极性。为此，中国共产党领导的抗日民主根据地政权提出增收不增

---

① 《晋察冀抗日根据地》第一册，中共党史资料出版社 1989 年版，第 459 页。

② 《邓小平文选》第一卷，人民出版社 1994 年版，第 84 页。

③ 《抗日战争时期晋察冀边区财政经济史资料选编·财政金融编》，南开大学出版社 1984 年版，第 500 页。

④ 《毛泽东文集》第二卷，人民出版社 1993 年版，第 467 页。

税的政策，基本确定一个数目后，这个数目以外的一切增产概归农民，使农民能放心发展生产，改善自己的生活。

解放战争时期，中国共产党的税收政策与理念又发生了一些变化。相对之前的两个革命阶段，解放战争时期党控制、执政的空间不再局限于农村，城市成为一个重要部分。在党的七届二中全会上，毛泽东代表中央明确提出城市工作是党的工作重心。同时，由于革命战争以跃进形式取得胜利，解放区也出现了新、老解放区的区分。这样，在实践中，中国共产党的税收政策针对城市与农村、新解放区与老解放区都有所不同。概括来说，解放战争时期的税收政策与理念的变化主要有以下几点。

第一，重新强调阶级立场。这在农业税政策制定上表现明显：在新解放区"贯彻地富重税，贫农轻税，中农合理负担的政策"；地主的负担率被确定在35%—50%，富农的负担率为20%—40%，中农的负担率为10%—15%，贫农的负担率一般为5%—8%。调查统计也显示，在新解放区，地主和富农的负担加重了，地主又比富农重一些，中农负担减轻了，贫农的负担大幅度地下降了。[①] 解放战争时期，农村地主富农阶级不再是统战对象，而成为革命对象，在未实行土地革命的新解放区，对他们实行重税，当属革命必然之政策。在完成了土地革命的老解放区，农民土地大体平均，地主富农阶级占有更多土地财产的情况不存在了，累进税率被取消，实行统一税制。[②] 从一定意义上讲，这也是税收阶级性的表现。在城市税收中，阶级意识既反映在政策上，如当时某税收干部所说，"在税收政策上、税目上、征税对象上都包含阶级立场"，强调注意"公营与私营的分别对待问题"；[③] 也反映在对待资本家的定性上，如当时相关部门的文件上批评一些干部"过分

---

① 《中国革命根据地的税收》，中国税务出版社2011年版，第206、225—226页。

② 《革命根据地经济史料选编》下，江西人民出版社1986年版，第930页。

③ 《东北解放区工商税收史料选编（1945—1949年）》第一册，黑龙江人民出版社1988年版，第311页。

相信工商业资本家，轻信他们"，原因是"没有从阶级本质上来了解他们私人资本的本质，就是自私自利的工商业历来不但对别人，即使对他们本行本业，也是抱着自私自利的观点"，"所以我们说私人资本的本质，就是自私自利……如果我们不认清这点，而过分相信他们，是错误的"。[①] 中国共产党是无产阶级的政党，强调阶级立场是党的宗旨所系，税收政策回归阶级性立场符合理论与逻辑。

第二，开始重视城市税收工作，强调税收在新民主主义经济、发展建设中的调节作用。1949 年 3 月，毛泽东在党的七届二中全会上指出管理城市是中国共产党今后工作的重点，同时，把城市的生产事业（国营工业的生产、私营工业的生产和手工业的生产）的恢复和发展视为城市工作的中心任务，并指出："只有将城市的生产恢复起来和发展起来了，将消费的城市变成生产的城市了，人民政权才能巩固起来。"[②] 这为新中国成立之前的税收尤其是城市税收的政策、工作确定了基调。对于即将成立的人民共和国，中国共产党在理论上指出，存在国营经济、合作社经济、国家资本主义经济、私人资本主义和个体经济五种经济成分。以社会主义为目标的新政权，发展壮大国营经济和合作社经济是应有之义，对于私人资本主义，强调在经济上采取利用、限制和改造的方针，利用其有利于国计民生的方面，限制其不利于国计民生的方面。利用，就是容许其发展；限制，就是控制其发展的度。限制的度在哪里呢？给出的宏观政策是："它将从几个方面被限制——在活动范围方面，在税收政策方面，在市场价格方面，在劳动条件方面。我们要从各方面，按照各地、各业和各个时期的具体情况，对于资本主义采取恰如其分的有伸缩性的限制政策。孙中山的节制资本的口号，我们依然必须用和用得着。但是为了整个国民经济的利益，为了工人阶级和劳动人民现在和将来的利益，决不可以对私人资本主义经济限制得太大太死，必须容许它们在人

---

① 《东北解放区财政经济史资料选编》，黑龙江人民出版社 1988 年版，第 164 页。

② 《毛泽东选集》第四卷，人民出版社 1991 年版，第 1428 页。

民共和国的经济政策和经济计划的轨道内有存在和发展的余地。"①用税收限制私人资本主义不仅被视为一个重要手段与机制，而且关系到从新民主主义到社会主义转变的政治高度："没有税收工作的适当限制，私人资本主义的经济将无限制地发展起来，以致压倒国家的经济，那国家的工业经济还能有什么优势？那建设新民主主义经济从而转到社会主义的经济有什么前途？"②"对于投机商业与大资本主要不是用行政力量去削弱它，而是用我们的贸易政策与税收政策去使其负担公平。"③限制与容许的度没有具体，但是在行业上，却相对明确。山东省在征收营业税时明确表示，税收负担要体现"公轻于私、工轻于商、重工业轻于轻工、工业必需品轻于消费品，更轻于奢侈品"，以及"有益于新民主主义经济发展的私营工商业轻于不利于发展新民主主义经济的私营工商业，更轻于投机性行业"。④对不同性质、不同行业的企业、经济实体实行不同的税收政策，早在中央苏区时就实施了。⑤到解放战争时期，只是继续执行相关政策罢了。

第三，体制政策追求统一，征收方法主张民主。税收，是执政机关按法律规定的标准与程序，向个人或企业进行强制课征。税收既有强制性的一面，也有规范性、固定性的一面，这样，公平便成为税收的内在追求。英国经济学家亚当·斯密在《国富论》中阐述赋税的基本原则时，就把公平视为第一原则，优先于确定、便利、节省原则。⑥税收政策的统一，整体上是有

---

① 《毛泽东选集》第四卷，人民出版社1991年版，第1431—1432页。

② 《东北解放区工商税收史料选编（1945—1949年）》第一册，黑龙江人民出版社1988年版，第312页。

③ 《中国革命根据地工商税收史长编：山东革命根据地部分》，中国财政经济出版社1989年版，第150页。

④ 《中国革命根据地的税收》，中国税务出版社2011年版，第247页。

⑤ 余伯流、凌步机：《中央苏区史》，江西人民出版社2001年版，第712页；《中国革命根据地的税收》，中国税务出版社2011年版，第90—92页。

⑥ ［英］亚当·斯密：《国富论》下，郭大力、王亚南译，译林出版社2013年版，第361—362页。

利于税收公平实现的。革命战争年代，中国共产党执政的根据地常处于割据分散而不统一的状态，无法在政策体制上实现统一。但是，只要有条件和可能，中国共产党便追求统一的体制与政策，如中华苏维埃中央政府成立后，便公布了《中华苏维埃共和国暂行税则》《中华苏维埃共和国暂行财政条例》等，并要求各根据地统一执行，在机构上成立中央税务局及地方税务机构，统一税收机构建制。当然，在战争时期这些政策与规章不能正常执行，不过，追求统一的意图与理念是清晰可见的。抗日战争时期，各根据地也无法统一，但都在条件允许下努力地各自统一税收政策与机构。解放战争时期，随着战争的不断胜利，分散的根据地逐渐连成一片，实行统一的财税政策与体制被列入日程。以华北地区为例，1947年3月华北财经会议召开，决定成立华北财经办事处，统一管理华北财政工作、统一华北各解放区财经政策。华北统一财经政策的实践，取得了很好成绩，不仅支持了解放战争，也受到中央的肯定，成为其他解放区的示范。[①]

解放战争时期中国共产党统一财税政策的努力，主要动因或是要解决战争所需要的财经问题，但客观上，统一的财税政策是有助于赋税公平的。税收方法上追求民主，也是如此。在抗日战争时期，税收民主在各根据地较广泛开展，以晋绥边区为例，其做法是在接到上级所分配的公粮应征数后，召开由民意机关、基层组织、民众代表组成的民主评议会议，依据各村各户的土地、产量、人口等情况进行民主讨论，然后把各村各户确定的应征数公开、并向上级汇报，批准后再开始征收。[②]在工商税收中，也实践着民主评议的方法，以确定征收数额。尽管民主评议主要是在税收征管上实行，其目的是为完成税收任务，因而有"民主摊派"之名。但是，民主评议毕竟在税收过程中，调动了民众的参与性、呈现了税收的公开性，其进步意义值得肯

---

① 《中国革命根据地的税收》，中国税务出版社2011年版，第206—212页。
② 《晋绥边区财政经济史资料选编·财政篇》，山西人民出版社1986年版，第198—237页。

定。当然，民主评议与党的群众路线是相符的。解放战争时期，民主评议方法在城市工商税收中被作为经验方法得到肯定并被广泛使用。

战争年代的动荡、革命形势的变化，使革命年代中国共产党税收政策也处于变动而不规范、不持久的状态。但是，透过变动的政策与措施，我们仍可以发现其中较为稳定的理念与取向。中国共产党只要有可能就会通过赋税去汲取稳定而丰足的财源以支持自己的革命事业。从技术层面上考量，公平是税收顺利进行的重要保证，没有公平为保障，所辖纳税民众就必然会产生各种形式的抵抗行动，城乡各种税收工作就难以进行。在革命战争环境下，中国共产党在税收实践中也逐步认识到这一点，抗日战争中普遍纳税的实施、解放战争城市税收工作中民主评议征税方法的完善与推广，其内在就体现了对公平原则的追求。当然，由于极端的战争状态、阶级意识以及执政经验的问题，新民主主义革命时期税收理念与政策中也存在着偏差。例如，对富裕阶层和人群征税的问题，基于财富基数，按税法税则交税，这一群体纳税自然会多，这是符合公平原则的，但在政策上强调要向他们多征税，甚至明确提出要加重他们的税收，则容易在实际操作中出现过激现象。

第二节　对资产阶级的理论与政策

中国共产党是无产阶级的先锋队，是马克思主义政党。马克思明确指出，"被剥削被压迫的阶级（无产阶级），如果不同时使整个社会永远摆脱剥削、压迫和阶级斗争，就不再能使自己从剥削它压迫它的那个阶级（资产阶级）下解放出来"[1]。这也就是说，无产阶级要彻底解放自己，必须解放全人类，即必须最终消灭资本主义、资产阶级，实现没有阶级和阶级差别的共产

---

① 《马克思恩格斯选集》第一卷，人民出版社 2012 年版，第 380 页。

主义。① 因而，对于资本主义、资产阶级，中国共产党成立之日，就开宗明义地宣称：共产党革命的第一步，就是要引导无产阶级"去向资本家争斗，并要从资本家手里获得政权"，"用强力打倒资本家的国家"。② 作为无产阶级的政党，这样的目标也是应有之义。不过，把资产阶级作为革命的对象很快就在党的二大上作了调整，在列宁关于民族和殖民地问题的理论指导下，中国共产党认识到在半殖民地半封建社会的中国，实行反对资产阶级的社会主义革命违背现实，有"空想"成分，因而，提出了反帝反封建的民主革命纲领，开始区分民主主义革命和社会主义革命，把反对帝国主义和封建主义的民主革命作为革命第一阶段的革命对象。在这一民主主义革命阶段中，对于资产阶级，应该持团结政策。而反对资产阶级的任务应该放到社会主义革命时期去完成。③ 正是基于这一理论，中国共产党开始了与被视为代表资产阶级和城市小资产阶级政党的国民党合作。然而，即使在国共合作时期，中国共产党党内对资产阶级的态度仍是摇摆的，时时担心它的"反革命"倾向；1927 年国共合作破裂后，反对资产阶级的态度占了上风，虽然仍坚持民主革命理论，但是，在苏维埃革命运动的实践中，不仅要"没收资本家财产"，甚至判断"中国的小资产阶级……现时已经不是革命的力量，而是革命的障碍"。④ 这种观点后来被视为"左"倾的观点，党史研究者把这一"左"倾观点及行为视作土地革命失败、红军被迫长征的重要原因之一。

　　1935 年，红军经过长征到达陕北后，国内外形势的变化，民族矛盾的激化，共产国际第七次代表大会确定的"抗日反蒋"策略，使中国共产党认识到应该团结资产阶级共同抗日："党不管什么阶级（从工农起资本家止）……不管什么党（自生产党至社会党、民主党、国家主义派止），若果

---

① 沙建孙：《中国共产党和资本主义、资产阶级》上，山东人民出版社 2005 年版，第 3—4 页。

② 《中共中央文件选集》第一册，中共中央党校出版社 1989 年版，第 548—550 页。

③ 《中国共产党的七十年》，中共党史出版社 1991 年版，第 32—34 页。

④ 杨奎松：《中国共产党对中国资产阶级的认识及其策略》，《近代史研究》1993 年第 3 期。

他们愿意做任何反日反蒋的活动，有一点救国救亡的情绪时，中国共产党都愿意很诚意诚恳的与之统一战线以共同担负起救中国的责任。"①1935年12月，中国共产党在瓦窑堡会议上明确提出了"工农小资产阶级联盟"口号，表示要保护城乡小资本主义工商业的利益，"用比较过去宽大的政策对待民族工商业资本家"②。当然，第一次国共合作的历史与教训，让中国共产党对资产阶级不能不持警惕态度。在1937年的洛川会议上，毛泽东告诫说，资产阶级只是为了对付日本而与红军妥协，"防人之心不可无"，"在阶级上根本是敌人"。这样，对资产阶级采取又联合又斗争应是正确策略了。问题是在现实中，联合与斗争必须具体化、可操作。现实需要与形势促进政策、理论的完善。1940年9月，毛泽东第一次明确提出应该将大资产阶级和民族资产阶级加以区别，大资产阶级是买办性的，是革命的对象，而民族资产阶级是受大资产阶级统治的，与外国资本家联系少，是团结的对象。这一对资产阶级的认识与区别，使中国共产党对资产阶级的认识进入一个新的理论高度，较为适当地解决了统一战线中的难题。③ 在此后修改出版的《中国革命与中国共产党》《新民主主义论》《论联合政府》等著作中，更清晰地表述了区分大资产阶级与民族资产阶级的观点：带有买办性封建性的大资产阶级是革命的对象，民族资产阶级是具有两重性的阶级，它有反对帝国主义反对官僚军阀政府的革命的一面，因而要持团结的态度与政策。

这些理论政策及观点是在抗战时期形成的，更多是一种理论上的认识，在实践工作中更多表现为在党的宏观性的统一战线工作中，由于当时中国共产党并没有大规模地占领、管理大、中城市，在经济生产、政治生活等具体方面与资产阶级、私营工商业还是离得很远的。抗战胜利后，随着中国共产

① 《建党以来重要文献选编（1921—1949）》第十二册，中央文献出版社2011年版，第432—433页。

② 《建党以来重要文献选编（1921—1949）》第十二册，中央文献出版社2011年版，第542页。

③ 杨奎松：《中国共产党对中国资产阶级的认识及其策略》，《近代史研究》1993年第3期。

党解放城市的增多，与资产阶级就处于面对面的日常现实中了。虽然，党在政策上仍明确强调保护城市工商业，但是，正如杨奎松教授所说，"基于革命的阶段论，没有哪一个共产党人不清楚：以反对帝国主义和封建统治为目标的民主革命结束之后，下一个阶段的革命任务，即以反对资本主义、实现社会主义为目的的社会革命"，这使当时共产党人"在思想上不可避免地要把资产阶级视为自己革命的下一个敌人，并且对资本主义心存戒备"。[①]1948年，张闻天在东北城市工作会议上代表东北局作报告时，把中小资本家列为联合对象，却强调城市中要贯彻阶级路线，视资本家为阶级敌人："他们同我们是两家人，作为一个阶级，他们是反对社会主义的。"[②]1948年9月，在中共中央的一个会议上，毛泽东指出："资产阶级民主革命完成之后，中国内部的主要矛盾就是无产阶级和资产阶级之间的矛盾，外部就是同帝国主义的矛盾。"[③]1949年2月，刘少奇对来访的苏共中央政治局委员米高扬谈及民族资产阶级时说："目前对他们要谨慎些，不要过分地触动他们。以后，等我们壮大了，我们就会向他们发起进攻。现阶段我们对民族资产阶级的总政策是：不赶走他们。……至于民族资产阶级的私营企业，一年半以后就可以提出收归国有的问题了。"[④]这样，在解放战争时期，尤其是党的七届二中全会之前，中国共产党的部队在接管城市时，对中小资产阶级实行的仍是较为激进的阶级政策：鼓励城市工人、店员、贫民向厂主、店主展开清算斗争。例如，在占领石家庄市最初的1个月内，普遍发生了严重的查封、没收私营工商业现象，工厂商店经理纷纷外逃，或躲藏、隐藏、转移物资财产，工厂店铺倒闭，工商业一片混乱。[⑤]类似现象在东北的哈尔滨等城市也曾出现，甚至到1949年初占领天津后仍有发生，"天津夺取后一个月内，就发生

---

① 杨奎松：《建国前后中国共产党对资产阶级政策的演变》，《近代史研究》2006年第2期。
② 《张闻天东北文选》，黑龙江人民出版社1990年版，第197页。
③ 《毛泽东文集》第五卷，中央文献出版社1996年版，第145—146页。
④ 《俄罗斯解密档案选编（中苏关系）》第一卷，东方出版中心2015年版，第406页。
⑤ 《华北解放区财政经济史资料选编》第一辑，中国财政经济出版社1996年版，第495页。

了 53 起对厂主、店主进行清算斗争，导致不少资本家被迫逃往香港，以至几个月后天津的私营企业开工率仍不足 30%"①。

工厂、商店或倒闭或关门，进而引发工人失业、城市经济混乱，这显然是中国共产党不愿意看到的。早在石家庄出现问题之时，中央就有相关指示，强调要"保护工商业者合法之财产和营业，任何人不得侵犯"②。1949 年初，斯大林和米高扬在与中国共产党高层交流建国方针政策时，提出中国共产党应当联合中国的资产阶级和小资产阶级组建全国革命民主政府，新中国不应当没收工商业资产阶级（从小资产阶级到大资产阶级）的财产，而且应当鼓励民族资产阶级在国内外开展贸易活动和发展生产。"我们俄国共产党人希望中国共产党人不要排斥民族资产阶级，而应把它当作反帝的一股力量吸引过来，一起合作。因此我们建议你们鼓励民族资产阶级在国内外的贸易活动，譬如说与香港其他外国资本家的贸易活动。"③ 事实上，如前文所述，在延安时期，中国共产党对资本主义、民族资产阶级已确定团结态度，实行统一战线政策，在对待私人资本主义方面当然也是持支持、发展的政策。毛泽东在《新民主主义论》中已明确指出，革命胜利后建立的新民主主义共和国"并不禁止'不能操纵国民生计'的资本主义生产的发展"④。在《论联合政府》及相关讲话中，他更进一步提出"需要资本主义的广大发展"⑤。解放战争期间，管理城市秩序、城市经济的经验，以及苏联提出的建议，使中共中央意识到有必要更充分地讲明执政后对私人资本主义的政策。在党的七届二中全会上，毛泽东代表中央作的报告中用较多篇幅来谈论这个问题：

---

① 薄一波：《若干重大决策与事件的回顾》（上），中共中央党校出版社 1991 年版，第 50—51 页。

② 李国芳：《初进大城市——中共在石家庄建政与管理的尝试》，社会科学文献出版社 2008 年版，第 226 页。

③ 《俄罗斯解密档案选编（中苏关系）》第二卷，东方出版中心 2015 年版，第 43 页。

④ 《毛泽东选集》第二卷，人民出版社 1991 年版，第 678 页。

⑤ 《毛泽东文集》第三卷，人民出版社 1996 年版，第 275 页。

"中国的私人资本主义工业，占了现代性工业中的第二位，它是一个不可忽视的力量。中国的民族资产阶级及其代表人物，由于受了帝国主义、封建主义和官僚资本主义的压迫或限制，在人民民主革命斗争中常常采取参加或者保持中立的立场。由于这些，并由于中国经济现在还处在落后状态，在革命胜利以后一个相当长的时期内，还需要尽可能地利用城乡私人资本主义的积极性，以利于国民经济的向前发展。在这个时期内，一切不是于国民经济有害而是于国民经济有利的城乡资本主义成分，都应当容许其存在和发展。这不但是不可避免的，而且是经济上必要的。但是中国资本主义的存在和发展，不是如同资本主义国家那样不受限制任其泛滥的。它将从几个方面被限制——在活动范围方面，在税收政策方面，在市场价格方面，在劳动条件方面。我们要从各方面，按照各地、各业和各个时期的具体情况，对于资本主义采取恰如其分的有伸缩性的限制政策。孙中山的节制资本的口号，我们依然必须用和用得着。但是为了整个国民经济的利益，为了工人阶级和劳动人民现在和将来的利益，决不可以对私人资本主义经济限制得太大太死，必须容许它们在人民共和国的经济政策和经济计划的轨道内有存在和发展的余地。"[①]有学者研究指出，在对待资本主义问题上，从延安到西柏坡，政策其实发生了一定的转变，由强调"发展"转向强调"利用"和"限制"了。[②]"发展"是单向肯定的表述，"利用"固然含有允许其"发展"的蕴意，"限制"则是明确指出其发展是有度的，含有阻碍的意思。不过从整体上说，中共中央的政策是要团结资产阶级、允许私人资本主义经济存在与适度发展的。正因为如此，1949年4月，刘少奇在天津对干部、职工和工商业资本家发表的长篇谈话中说，目前还没有到剥夺资本家的时候，工人的生活及社会经济的发展，都还离不开资本家；资本家的剥削不是多了，而是少了，因为开工厂开

---

① 《毛泽东选集》第四卷，人民出版社1991年版，第1431—1432页。
② 成保良：《毛泽东、刘少奇、张闻天关于利用资本主义思想的比较研究》，《中共党史研究》2001年第1期。

得少，工人就雇得少；"今天在我国资本主义的剥削不但没有罪恶，而且有功劳"①。虽然这个讲话在党内引起较大议论，刘少奇自己在事后也做了一定修正，但当时中央主要领导人对这段讲话并没有表示不同的看法。这说明在党的七届二中全会后，中国共产党对资本家采取的是完全团结的态度。正因为如此，《中国人民政治协商会议共同纲领》（以下简称《共同纲领》）明确指出："中国人民民主专政是中国工人阶级、农民阶级、小资产阶级、民族资产阶级及其他爱国民主分子的人民民主统一战线的政权"，新政权"保护工人、农民、小资产阶级和民族资产阶级的经济利益及其私有财产"。② 民族资产阶级与工人、农民、小资产阶级一道成为中国共产党领导下的新中国人民了。

作为以共产主义社会为目标的无产阶级政党，对资产阶级持团结态度，一方面，这是基于客观现实的需要。据统计，1949—1950 年，私营工业的产值占全国工业总产值的 60% 以上，私营商业产值则占全国批发总额的 76% 和零售总额的 85%。③ 在这样的情况下，团结资产阶级使经济得到稳定和恢复就显得十分必要了。另一方面，这一态度也符合新民主主义理论。新民主主义革命是反帝反封建的革命，革命胜利后，资本主义经济是新民主主义社会经济的一个组成部分，理应得到发展。当然，这些理论政策与态度，并不意味着中国共产党对资产阶级本性的认识有所改变、对资本主义的认识有所改变，最好的证明就是要对私人资本主义实行"利用"与"限制"的政策。

---

① 《建党以来重要文献选编（1921—1949）》第二十六册，中央文献出版社 2011 年版，第 366 页。

② 《建党以来重要文献选编（1921—1949）》第二十六册，中央文献出版社 2011 年版，第 758、759 页。

③ 董志凯：《1949—1952 年中国经济分析》，中国社会科学出版社 1996 年版，第 161 页。

第三节　解放战争时期执政城市的理念与经验

　　1921 年中国共产党在上海成立后，作为"以俄为师"的工人阶级政党，自然把工作重心放在工人运动上，从空间上看主要就是在工人阶级存在的城市和矿区进行活动和工作。第一次国共合作时期，与国民党合作在某些城市进行了建政与管理工作，这些经历使中国共产党对管理建设城市或许有一定的了解，但是，从后来的历史看，这段经历对中国共产党管理建设城市的理念与政策没有什么影响。1927 年后，中国共产党及其领导的革命武装部队长期在农村，建立的革命根据地也在农村，走农村包围城市的革命道路。其间曾控制了一些城镇，当然也会提出城市相关政策。例如，1929 年 3 月，毛泽东、朱德率领红四军攻占了闽西物资集散地、商业和手工业较发达的城市长汀。在随后发布的《告商人及知识分子》书中，着重讲了对商人和知识分子的政策，指出："共产党对城市的政策是：取消苛捐杂税，保护商人贸易。在革命时候对大商人酌量筹款供给军需，但不准派到小商人身上。城市反动分子的财物要没收，乡村收租放息为富不仁的土豪搬到城市住家的，他们的财物也要没收。至于普通商人及一般小资产阶级的财物，一概不没收。""知识分子的出路，也只有参加工农革命。知识分子若肯参加革命，工农阶级均可收容他们，依照他们才干的大小，分派他们相当的工作。"[①] 这个极为简约的城市政策公告充满了阶级性和战争性，很难反映中国共产党执政城市的政策与理念，更何况当时长汀人口少，也难归类于城市，应该是城镇。其实在抗战胜利前的革命战争年代里，中国共产党治理过的城镇规模都比较小。以延安为例，抗战时期作为中共中央所在地，在 1941 年时其非农

---

　　① 《毛泽东年谱（一八九三——一九四九）（修订本）》上卷，中央文献出版社 2013 年版，第 266 页。

业人员的居民仅有 1845 户、5029 人，1946 年也才增至 2675 户、12371 人。①
延安尚且如此，其他根据地所控制的城市也就可想而知了。正因为如此，毛
泽东在党的七大上说，"大城市是一个大量的普遍的东西……但是在今天来
讲，还不是一个眼前的现实问题"②。有学者研究指出，中国共产党成立后的
20 余年，在解放石家庄之前，"中共基本没有在真正意义上建立过城市政权
或管理过城市"③。战争期间尤其是抗战胜利前后，中国共产党领导的军队也
曾占领过城市，但是，考虑到敌我力量对比，占领的城市很可能会被敌军夺
回，一般会采用"搬运"政策：将城市里国民党政府经营的企业和非民族资
本企业的生产资料、生活资料或没收运走，或分一部分给贫民，对不可能搬
运的如铁路、工厂、码头、车站等则进行破坏。④ 这一政策显然是为战争服
务，而不是长期执政、管理城市的政策。

　　随着解放战争形势的变化，中国共产党很快认识到，对于解放的城市要
放弃原来的"搬运"政策，而要实行建设政策，中国共产党领导的革命已进
入"从农村到城市"的阶段了。1947 年 11 月，石家庄解放，建立市政府，
并公开宣布：城市属于人民了，"我们的方针和任务就是作长期打算，医治
创伤从事建设，把它建设成为一个民主的和繁荣的新城市"。⑤ 这种观念当
然是执政城市、建设城市的观念了，可以说正是在建设城市的理念下，中国
共产党开始注意已解放城市的接管工作，通过摸索实践，总结出了一套相对
成熟且异于农村工作的城市接收工作的经验与政策，从而基本平衡地完成了
城市接管工作。那么，在新中国即将成立之时，中国共产党执政、建设城市
的理念是什么呢？有学者研究指出，新民主主义理论是新中国成立初期中

---

①　《延安市志》，陕西人民出版社 1994 年版，第 91、454 页。

②　《毛泽东文集》第三卷，人民出版社 1996 年版，第 395 页。

③　李国芳：《初进大城市——中共在石家庄建政与管理的尝试（1947—1949）》，社会科学
文献出版社 2008 年版，第 38 页。

④　《解放战争战略进攻·回忆史料》，解放军出版社 1997 年版，第 514 页。

⑤　《克服困难，长期建设》，《新石门日报》1947 年 11 月 27 日。

国共产党接管、建设城市的指导思想，其中革命理论与社会理论是理论基础。[①] 这个判断当然有道理，却无法解释新中国成立初期中国共产党城市建设与工作的复杂与演变。要弄清新中国成立初期城市建设与工作的变化，深研当时中国共产党相关政策理论中的核心理念更为关键。概括来说，当时中国共产党人建设城市的理念主要有以下两个方面。

第一，人民城市的理念。1947 年 11 月，晋察冀野战军打败驻守石家庄的国民党军队，解放石家庄。这是解放战争开始后，中国共产党从国民党手中夺取的第一座大城市，朱德称之为"夺取大城市之创例"，同时，石家庄也是新中国成立前中国共产党第一个正式决定要牢牢占住并加以建设的重要城市。占领城市后，新成立的市政府立刻宣称：石家庄"永远属于我们人民了！"[②] 人民城市，城市是属于人民的。这样的表述，当然是无产阶级政党正常的表达。人民，是一个政治概念，有人民，就有敌人，在城市里谁是人民，谁又是敌人呢？毛泽东在党的七届二中全会上提出党的工作重心由农村转移到了城市，"党和军队的工作重心必须放在城市，必须用极大的努力去学会管理城市和建设城市。必须学会在城市中向帝国主义者、国民党、资产阶级作政治斗争、经济斗争和文化斗争，并向帝国主义者作外交斗争。既要学会同他们作公开的斗争，又要学会同他们作荫蔽的斗争"。这里明确讲明了城市斗争中的敌人是谁。那么人民呢？毛泽东接着说："在城市斗争中，我们依靠谁呢？有些糊涂的同志认为不是依靠工人阶级……有些更糊涂的同志认为是依靠资产阶级……我们必须全心全意地依靠工人阶级，团结其他劳动群众，争取知识分子，争取尽可能多的能够同我们合作的民族资产阶级分子及其代表人物站在我们方面，或者使他们保持中立，以便向帝国主义者、

---

① 王金燕：《解放战争时期中国共产党接管城市工作的理论和实践》，博士学位论文，吉林大学，2010 年。

② 李国芳：《初进大城市——中共在石家庄建政与管理的尝试（1947—1949）》，社会科学文献出版社 2008 年版，第 17—18、45 页。

国民党、官僚资产阶级作坚决的斗争，一步一步地去战胜这些敌人。"①1949
年5月，刘少奇在党内会议上也说，革命胜利后，在城市里的斗争，"斗争
的对象，即革命的敌人有三个，就是帝国主义、封建主义和官僚资本主义"，
"革命的朋友有四个，即工人阶级、农民阶级、小资产阶级、自由资产阶级
（民族资产阶级）。自由资产阶级右翼是不革命的，也有反革命的，但是它的
左派，对于今天的革命，对于发展生产他是参加的，赞成的，或者是保持中
立的"。② 人民城市，当然也是政治的城市。因而，其中充满了斗争。要斗
争，就要明确敌我。正如毛泽东早年所说："谁是我们的敌人？谁是我们的
朋友？这个问题是革命的首要问题。"③ 在中国共产党领导的人民军队即将进
入城市时，当然也须弄清这个首要问题。在这里，毛泽东清晰地把这个问题
界定了。这一切是符合马克思列宁主义的。列宁在《国家与革命》中对此就
有深刻论述，毛泽东在1926年曾说明："列宁著有《国家与革命》一书，把
国家说得很清楚……'国家是一个阶级拿了压迫另一个阶级的工具。我们的
革命民众若将政权夺在手中时，对反革命者要用专制的手段，不客气地压迫
反革命者，使他革命化；若不能革命化了，或赐以惨暴的手段，正所以巩固
革命政府也。'"④ 革命是暴力，革命胜利夺取政权后，对反革命仍需要专政。
不过，正如前文所述，中国共产党对民族资产阶级的理念与政策其实是复杂
而变化的，民族资产阶级并非天然位于中国共产党意识形态中的人民概念之
中，消灭资产阶级是共产党理论的基本诉求，只是因中国革命的阶段性原
因，在社会主义革命到来之前，即在新民主主义革命阶段，民族资产阶级是
民主革命统战团结对象，而非革命对象；而在中国共产党执政的新民主主义

① 《毛泽东选集》第四卷，人民出版社1991年版，第1427—1428页。
② 梁桂珍：《建国前夕刘少奇对经济建设和城市工作理论与实践的探索》，《中共党史研
究》1994年第4期。
③ 《毛泽东选集》第一卷，人民出版社1991年版，第3页。
④ 《毛泽东年谱（一八九三——九四九）（修订本）》上卷，中央文献出版社2013年版，
第163—164页。

建设阶段，在人民城市的理念中，它是"利用、限制"，最终是"改造"的对象。

第二，生产城市的理念。在讲清城市斗争后，毛泽东接着说到城市建设："……开始着手我们的建设事业，一步一步地学会管理城市，恢复和发展城市中的生产事业"；"从我们接管城市的第一天起，我们的眼睛就要向着这个城市的生产事业的恢复和发展"；"只有将城市的生产恢复起来和发展起来了，将消费的城市变成生产的城市了，人民政权才能巩固起来"。① 毛泽东的这一讲话精神实际上成为新中国成立初期城市建设的指导方针。1950年1月，时任北京市市长聂荣臻明确提出，北京市的工作就是要"变消费城市为生产城市"；时任北京市总工会主席彭真也高呼，工会的中心任务第一是生产，第二是生产，第三还是生产！② 这里讲的生产，是指工业生产。把生产视为执政城市的中心任务，符合中国共产党的革命理论。新民主主义理论的提出表明中国共产党已清楚地认定，民主革命胜利后，中国并不能直接建立社会主义国家，工业生产的落后制约了中国社会主义的建成。革命后，首先要大力发展工业生产，实现工业化；只有实现工业化后，才能实现共产党人建立社会主义国家的梦想。党的七届二中全会前，中国共产党的领导层在这个问题上已达成共识，因而，毛泽东在会上提出要建立生产城市。在解放战争进行中，已解放的城市的首要工作就是工厂复工。毛泽东强调城市生产的恢复和发展是接管城市的中心任务：如果"把中心任务忘记了，以至于占领一个城市好几个月，生产建设的工作还没有上轨道，甚至许多工业陷于停顿状态，引起工人失业，工人生活降低，不满意共产党。这种状态是完全不能容许的"③。

---

① 《毛泽东选集》第四卷，人民出版社1991年版，第1428页。

② 董志凯：《从建设工业城市到提高城市竞争力——新中国城建理念的演进（1949—2001）》，《中国经济史研究》2003年第1期。

③ 《毛泽东选集》第四卷，人民出版社1991年版，第1428页。

　　建立生产城市，实现工业化，进而建立社会主义国家，这一逻辑与理念，是当时中国共产党人生成生产城市理念的一个重要原因。提出生产城市政策的另一个重要原因是当时共产党人普遍认为"生产"与"消费"是对立的，强调"生产"与"消费"的对立性。前文所述，毛泽东就明确提出要变消费城市为生产城市，聂荣臻也指出要把北京由消费城市变为生产城市。王稼祥在党的七届二中全会上提出城市人口有生产人口与消费人口的区分，进而提出执政城市后，"要主动减少人口，因为现在的城市生产人口与消费人口比例不合理"，要减少的人口当然是"消费人口"。① 客观地说，强调城市生产事业的恢复和发展没问题，把消费与生产、消费城市与生产城市对立起来，从经济理论上看是不妥当的，在经济活动中也无法做到。两者间并不是只有对立的一面，正如学者董志凯指出："消费与生产是对立统一的关系，在建设方针的提法上将消费与生产对立起来，不论在理论上还是在实践上均是不妥当的。"事实上，"当时除了北京、南京这样的大都市外，其他城市消费能力很低，笼统地提出变消费城市为生产城市并不符合城市经济恢复的普遍要求。所以当时其他大城市，如上海、天津等解放之后，即直接将恢复和发展生产作为基本方针，并没有强调'把消费的城市变成生产的城市'这一方针。"② 这样看来，当时对于消费与生产这对概念的理解，党内有不同的观点。不过，对于把城市建成为生产的城市，这一理念在党内是普遍共识。

　　人民城市的理念是政治性、阶级性的，生产城市的理念是经济性、建设性的，两者相互交融着共同体现了中国共产党执政城市的理念。当然，在根本上，政治性的城市理念指导了经济性的城市理念。

---

① 徐则浩：《王稼祥与党的城市政策》，《中共党史研究》2000 年第 5 期。

② 董志凯：《从建设工业城市到提高城市竞争力——新中国城建理念的演进（1949—2001）》，《中国经济史研究》2003 年第 1 期。

第二章 统一与建构（1949 年 10 月—1950 年 6 月）

新中国在成立之初，面临着许多困难与考验。在经济上，新中国所面对的是一个十分落后、千疮百孔的烂摊子，特别是由于国民党政府长期滥发纸币，造成物价飞涨、投机猖獗、市场混乱的局面。中国共产党和人民政府有没有能力制止恶性的通货膨胀和物价上涨，把经济形势稳定下来，把生产恢复起来，使自己在经济上从而在政治上站住脚跟，这在当时是比进军和剿匪更加困难的新的严峻考验。① 把新中国成立初期财经工作的重要性放在军事作战之前，这个判断符合当时的历史，也与当时党中央的决策一致。毛泽东说："从我们接管城市的第一天起，我们的眼睛就要向着这个城市的生产事业的恢复和发展"，其他工作"都是围绕着生产建设这个中心工作并为这个中心工作服务的"。② 党的七届三中全会前夕，中共中央要求"各中央局主要负责同志必须亲自抓紧财政、金融、经济工作，各中央局会议必须经常讨论财经工作……中央政治局现在几乎每次会议都要讨论财经工作"③。1950 年 6 月，党的七届三中全会召开，毛泽东在会上作了《为争取国家财政经济状

---

① 《中国共产党的七十年》，中共党史出版社 1991 年版，第 272—273 页。
② 《毛泽东选集》第四卷，人民出版社 1991 年版，第 1428 页。
③ 《毛泽东文集》第六卷，人民出版社 1999 年版，第 59 页。

况的基本好转而斗争》的书面报告，这实际上是明确指出财政经济工作是当前阶段的中心任务。正是在这一背景下，新中国成立初期，包括税收在内的财经统一工作得以迅速全面地展开。

第一节　建立与统一税收机构

建立从中央到地方统一的政府行政机构体系，对于现代国家而言，是一个存在的基本条件。然而，这对近代中国而言，却是一个难题。在西方力量的冲击下，传统中华帝国政治权力秩序瓦解了，中央政府衰弱无力，地方势力割据纷争，全国统一的行政机构体系一直无法建立起来，直至 1949 年中华人民共和国成立。中国共产党执掌全国政权后，很快就建立了全国统一的行政机构体系。其中原因当然是多方面的，但是，一个决定性的原因就是：中国共产党是一个有铁的组织纪律性的政党。

马克思列宁主义政党对组织纪律有极为严格的要求。马克思曾指出："必须绝对保持党的纪律，否则将一事无成。"① 在尖锐而残酷的革命斗争中，列宁更是极端重视组织纪律，他说："无产阶级在争取政权的斗争中，除了组织，没有别的武器。"②"谁哪怕是把无产阶级政党的铁的纪律稍微削弱一点（特别是在无产阶级专政时期），那他事实上就是在帮助资产阶级来反对无产阶级。"③ 中国共产党自成立始便坚持以马克思列宁主义为指导思想，用列宁的建党学说和俄国布尔什维克党的方式建党，④ 在革命战争年代又一直把组织纪律性放在最紧要地位进行建设。西柏坡时期，为了彻底赢得革命战争的胜利，为了完成从农村到城市、建立新政府，中共中央在党政军中进行

① 《马克思恩格斯全集》第二十九卷，人民出版社 1972 年版，第 413 页。
② 《列宁选集》第一卷，人民出版社 1995 年版，第 526 页。
③ 《列宁选集》第四卷，人民出版社 1995 年版，第 155 页。
④ 叶福林：《党的二大加强组织纪律性的社会因素解析》，《上海党史与党建》2012 年第 9 期。

了一系列加强纪律性的工作，使这一时期成为中国共产党在新民主主义革命时期"出台规章制度最密集时期，也是党内纪律最好的时期"①。中国共产党不仅是一个无产阶级政党，更是一个具有铁的组织纪律性的政党，这一特性无疑成为新中国成立初期党迅速建立国家各级政府机构、统一全国各项政策规章制度的决定性力量，全国税政统一工作也是如此。

　　组织纪律性强弱与统一规范度是一致的，因而，在革命战争年代，追求税政统一就是中国共产党努力的方向。土地革命战争时期，中国共产党于1931年成立了中华苏维埃共和国临时中央政府，建立了中央一级的财政部门，但根据地的分割与战争状态，既难以建立统一的财税机构，也难以实行统一的财税制度。抗日战争时期，根据实际情况，中共中央没有设立中央的财政机构，各根据地和地方自行设立财政机构以管理财政税收事务，如西北财政经济委员会及西北财经办事处、晋察冀财经办事处等，这一现象延续至1945年后第三次国内革命战争初期。正如有学者指出，一方面，在战争年代，根据地和解放区"大多数时间受反革命势力的分割包围和封锁，被迫陷入区域性的自给自足状态"，中共中央对财政工作实行的是"统一管理，分散经营"，也就是说在经济管理上，"财政、金融管理权限一般都集中在解放区政府之中"。②另一方面，战争的进行产生了"巨大消耗，已使一切解放区的财经情况陷入困境"，中共中央认识到要取得战争的胜利，"必须以极大决心和努力动员全体军民一致奋斗，并统一各区步调，利用各区一切财经条件和资源，及实行各区大公无私的互相调济，完全克服本位主义，才能长期支持战争"。③1947年4月，中共中央发出《关于成立华北财经办事处的通知》，宣布成立华北财经办事处，以统一华北各解放区财经政策，调剂各区财经机

---

① 王昆：《西柏坡时期加强党的纪律性研究》，《河北经贸大学学报》2017年第3期。

② 《中华人民共和国经济史》第一卷，中国财政经济出版社2001年版，第161页。

③ 《建党以来重要文献选编（1921—1949）》第二十四册，中央文献出版社2011年版，第20页。

关和收支。①

华北财经办事处的成立，是解放战争期间中共中央为统一调配华北各解放区有限的财力、物力，以适应解放战争发展对军需要求不断扩大的客观形势而设置的财经工作机关。不过，到了 1948 年初，国共战局发生了根本变化，全国胜利曙光已现。中共中央为了适应新形势变化，5 月，决定取消华北财经办事处，在其基础上成立中共中央财政经济部；10 月，决定成立华北财经委员会。成立的华北财经委员会其实并不是一个区域性的机构，而是作为建立中央统一的财经领导机构的过渡，它先"将华北、华东、西北三大区的财经工作统一起来，然后再统一东北和中原两大区的财经工作"②。然而，战争局势的迅猛发展，使中央认识到要尽快建立统一的中央财政管理机构。1949 年 1 月，平津相继解放，中央人民政府的成立指日可待，建立统一的中央财经领导机构也日趋成熟。1949 年 3 月，党的七届二中全会上正式决定建立中央财经委员会，统一领导全国的财经工作。7 月，中央财经委员会（简称中财委）成立，陈云任主任。中财委在中央政府成立之前隶属中国人民军事委员会，中央人民政府成立后，由中央人民政府领导。

1949 年 9 月 27 日，全国政协第一届全体会议通过《中华人民共和国中央人民政府组织法》，中财委的全称为政务院财政经济委员会，归属政务院管辖。中财委下分设财政部、贸易部、重工业部、农业部、邮电部、交通部、人民银行等，以统一管理全国财政经济工作。③主管全国税务工作的税务总局隶属于政务院财政经济委员会的财政部。1949 年 12 月 17 日，政务院第十七次政务会议通过并任命李予昂为财政部税务总局局长；1950 年 1 月 1 日，财政部税务总局在北京成立。

---

① 中央档案馆编：《共和国雏形——华北人民政府》，西苑出版社 2000 年版，第 283 页。

② 薄一波：《若干重大决策与事件的回顾》（上），中共中央党校出版社 1991 年版，第 68 页。

③ 迟爱萍：《新中国第一年的中财委研究》，复旦大学出版社 2007 年版，第 101—157 页。

通过上文对中华人民共和国成立前后中央财经委员会、财政部、国家税务总局建立的介绍，一方面可以清晰地看到，在所控范围内建立全局性集中统一的中央财政领导机构是中国共产党自革命战争年代开始就在努力追求的，机构建制的统一与控制区域范围成正比。解放战争时期，东北、华北解放区分别于1947年、1948年建立了税务总局，西北、中原、华中、山东等地成立了税务总局。这些区域性税务机构的建立，适应了当时的形势需要，为新中国成立后建立统一税务机构创造了条件。① 另一方面也可以了解中央税收机构的隶属关系，进而对新中国成立初期的税收权力、决策层面有一个图景式的了解。中财委—财政部—税务总局，税务总局隶属于中财委财政部的关系，意味着国家税收大政方针政策是直接来源于中财委和财政部，税务总局在一定意义上说是一个中央层面的执行机构。1949年11月24日，在税务总局没有成立的时候，财政部就召开了首届全国税务会议，讨论拟定了《全国税政实施要则》和《全国各级税务机关暂行组织规程》，确定了新中国成立初期的税收大政方针及重要规程。《全国各级税务机关暂行组织规程》第三条规定，税务总局受财政部领导，并明确其职责为：关于税收法令之建议与撰拟事项、关于各种税收之检查、指示具体执行事项，以及涉及税收计划、征收、机构干部、会计票证、调查研究、专卖等具体事项。② 这一规定清晰地表明了税务总局是国家税收的执行机构，而财政部、中财委才是税收政策方针的确定者。

财政部税务总局成立、《全国各级税务机关暂行组织规程》经政务院审查通过之后，统一建立全国各级税务机构的工作便展开了。《全国各级税务机关暂行组织规程》确定了城市税务工作统一管理的组织原则，"在一个城市中，由一个税务机构统一办理征收事宜"，自中央至地方则全面统一设立

---

① 《中华人民共和国工商税收史长编》第三部，中国财政经济出版社1988年版，第2页。

② 《中华人民共和国工商税收史长编》第三部，中国财政经济出版社1988年版，第5—6页。

六级税务机构：（1）中央财政部税务总局（直辖河北、平原、山西、察哈尔、绥远五省及北京、天津两市税务局）。（2）区税务管理局（分设华北、中南、华东、西北、西南、内蒙古各局）。（3）省、盟或中央直辖市、区辖市税务局。（4）专区税务局及省辖市税务局。（5）县、旗、市、镇税务局。（6）税务所。[①] 税务系统六级机构的划分与新中国成立初期实行的大行政区政策制度一致。新中国成立前夕，中国共产党在华北、东北、中原已建立起省级以上的人民政府或临时人民政府，并准备在西北筹建军政委员会。对于这一现象，毛泽东以中央集权与地方分权问题作了说明，表示中央"是抓紧大的人事、大的政策。我们要有些集中有些不集中才能搞好，所以有些地方要给地方以监督之权"[②]。这是毛泽东对建立大行政区的明确肯定。1949 年 9 月，中国人民政治协商会议第一届全体会议通过的《中华人民共和国中央人民政府组织法》确定了大行政区这一地方行政建制。[③] 当时中央政府根据各地解放时间不一、政治经济形势差异及历史地理因素，把全国划分为六大行政区，即华北、东北、华东、中南、西北、西南。各大行政区均设立与中央、省相应的组织机构。税务部门机构也是依此建立，在中央、大行政区设税务总局，在大行政区之下，按中国传统行政区划建制，设立省、市、县三级税务局，加上最基层税务所，共六级。

统一建立起全国各级税务机构对于税收工作而言意义十分重大，机构不统一，税收工作就无法有效地执行下去。这一点通过历史的对比就会十分明显。国民党政府虽认识到统一税务机构的重要性，也通过了相关决议，但是由于国民党统治时期，国内军阀割据、国民党内部派系林立、政府腐败无能，导致全国各级税务机构一直得不到统一，在省级"省每一税源设置专管

---

① 《中华人民共和国工商税收史长编》第三部，中国财政经济出版社 1988 年版，第 5 页。

② 《毛泽东年谱（一八九三——一九四九）（修订本）》下卷，中央文献出版社 2013 年版，第 561 页。

③ 范晓春：《中国大行政区 1949—1954 年》，东方出版中心 2011 年版，第 90—91 页。

机构者，其或有临时附加，又另设一机构征收者"，"各税务机构自成系统"，在县级"则有统由省税务机关代征者，有在县专设机构统征者"，这样，"省与省殊，县与县异"。①20 世纪 40 年代，基于客观形势变化，国民党政府也曾尝试统一全国各级税务机构方面，但实际成效不大。

革命战争年代，虽然各根据地、解放区的财政都是各自管理，但是，中国共产党对经济工作实行的是一元化领导，这确保了党中央政策的执行。对经济工作一元化领导，是中国共产党在革命战争年代经济工作的一个显著特点。这一特点的形成源于"中国共产党是革命根据地的创造者，是整个革命根据地政治、军事的核心组织和灵魂，也是全国众多分散的根据地结成整体的组织机构。它所具有的纪律严明、步调一致、高效率和牺牲精神"，使战争年代解放区政权在艰难困苦的条件下得以生存和发展，并进而成为中国共产党执政的传统。"中国共产党政治效率之高在中国历史上是空前的，她的方针政策能够得到迅速、有效地贯彻。"② 这样的政治、组织传统与纪律，全国各级税务机构当然会得以建立。此外，中国共产党革命道路是从农村到城市，执掌政权是从区域割据到全国统一的过程，这样，在区域即各个解放区里，相应的地方政府机构都已基本建立，因而，统一全国税务机构的过程并不困难。实际运行中，更多的会表现为各级机构的调整、充实、完善的过程。

相对其他政府部门机构而言，新中国成立初期，党中央和中央政府非常重视全国统一税务机构的建立，除了有中国共产党自身政治性、组织性要求与历史经验延续等原因外，其中还有一个重要原因就是为了解决当时严重的财政经济困难，必须搞好税收工作，要多收税。当时主管财经工作的陈云明确指出："努力收税，是解决财政赤字的一种办法"，"收税和发钞这两者比

---

① 国家税务总局：《中华民国工商税收史——税务管理卷》，中国财政经济出版社 1998 年版，第 4、5 页。

② 《中华人民共和国经济史》第一卷，中国财政经济出版社 2001 年版，第 161—162 页。

较，在可能限度内，多收一点税，比多发钞票，为害较小"，"不失为一种前进的办法"。① 没有统一而完善的机构，不可能完成这一任务。

机构统一起来了，还必须配备强有力的干部，方能取得好的成绩。陈云就指出，一个地方税务局的局长，要由政治、文化素质像县委书记、县长那样强的干部去担任。②1950 年 3 月，《中共中央关于保障实施政务院关于统一国家财政经济工作的决定的通知》指出："中共中央认为完成今年的税收预定计划，是克服财政困难和实现一九五〇年概算的重要环节，因此责成各级党委务必立即从全国每一市、县党委中各抽一个现任部长职务的干部，担任各该市、县的税务工作……宁使其他各部缺少一个部长，而不要让税收机关成为一个弱的工作机关。"③ 政务院也作出《关于统一国家财政经济工作的决定》强调："税收是国家财政的主要收入，是全国财政开支恢复经济所需现金之最大来源。为了完成征收工作，全国各大城市及各县的人民政府，必须委任最好的干部担任税务局长。"④ 不仅在各级要配备优质干部，同时要大力充实基层税务工作人员。1950 年至 1952 年，各级税务部门的人事编制呈上升趋势。以中南区为例，1950 年全区税务系统的干部工作人员为 34765 人，1951 年上升至 42299 人，1952 年"三反"运动时，实有干部工作人员数为 47604 人，同年"五反"运动结束，仍有税收干部工作人员 44177 人。1953 年，全国税务系统干部为 147693 人，比 1950 年增加了 20848 人。⑤ 税务工作要落实到每个商家店户，只有税务工作人员数量有了相当的保证，才有可能较好地完成税收任务。

---

① 《陈云文选》第二卷，人民出版社 1995 年版，第 9、58—59 页。

② 《中华人民共和国工商税收史长编》第三部，中国财政经济出版社 1988 年版，第 9 页。

③ 《中共中央文件选集（一九四九年十月——一九六六年五月）》第二册，人民出版社 2013 年版，第 190 页。

④ 《关于统一国家财政经济工作的决定》，《税工研究》1950 年第 3 期。

⑤ 《中华人民共和国工商税收史长编》第三部，中国财政经济出版社 1988 年版，第 15 页。

第二节　统一税收政策与税收制度

税收政策、税收制度的统一与完善，事实上与全国税收机构的建立、统一是同步进行的。新中国成立前后，全国各地的税收制度是不统一的，为了迅速接管解放了的城市与地区，新解放区除了废除民怨大、极不合理的税目以外，一般都暂时沿用了国民党时期的旧税制，而老解放区则仍实行各自原定的税目与征税方法。这导致全国各地税种不一致，政策不统一，税目税率差异也很大。例如，东北地区禁止猪鬃猪毛输入关内之规定，如私自运出经查获即予没收，而华北则无此规定；石棉、铁、铅，东北不征税，而华北征税。同一种商品各地税率不一致。例如，火柴税率：上海、天津为15%，东北为3%；化妆品甲类税率：东北为100%，上海为45%，华东为30%，华北为20%；卷烟税率：北京、天津为100%，西北为80%，东北为60%。[①]税收起征点各地也不一样。例如，上海对营业税所定的起征点高，导致上海与北京、天津有很大差异，按上海1949年9月的财政统计，"上海工商业户总计9万余户，不负担户有4.8万户，占总户数的53.3%，与北京、天津比较悬殊太大。北京8月征收工商业税时，总户数39983户，负担户36013户，占总户数91%。天津5月征收工商业税时，总户数4万余户，负担户38226户，占总户数90%以上"[②]。税收政策、制度不统一，不仅致使税负不平衡，影响财政收入、影响公平、影响税收工作，同时会出现低税率地区产品向高税率地区大量流入，影响地区间的生产、流通，不利于经济恢复与生产。

对于这一情况，中共中央早在解放战争进行时就认识到了，在新中国成立前夕便着手解决这一问题。1949年7月，受中央委托，陈云在上海主持召开了有华东、华北、华中、东北、西北五个地区的财政、金融、贸易部门

---

① 《当代中国的工商税收》，当代中国出版社2009年版，第15页。

② 中财委财政组：《对上海营业税征收的几点意见》，《税工研究》1949年第24期。

领导干部参加的财政会议，史称上海财经会议。这次会议提出了整顿税收、增加税收的要求。陈云在会上说："解放战争还在广大地区进行。作战费和六百多万脱产人员的费用，很大部分是依靠发行钞票来解决的。……今冬明春如无特殊情况，全国除台湾、西藏、西康、新疆及青海的一部分外，都可以解放，解放区的人口将达到四亿四千多万。要预见到这种情况。我们不但要注意克服目前的困难，而且要从全国范围来考虑财经问题的解决。"①进而提出："目前最要紧的有两件事：一是公粮要征得好，二是税收要整顿好。……我们应该逐渐增加税收的比重。"②上海财经会议强调"抓紧整顿税收，力争收入，以减少货币发行"，明确提出整顿税收、增加税收的要求。整顿税收，主要就是解决各解放区各城市税收制度、政策等各自不同的现象。为此，会议具体讨论了统一货物税的问题，要求"制定全国统一的货物税税目、税率，货物税只由产地税局征收一次。各地验照放行，不得重征"。为畅通国内贸易，各区货物税税目、税率应该统一。会议拟定了一个"全国统一的货物税税目税率方案"。③上海财经会议为新中国成立后统一税收政策制度奠定了较好的基础。

　　1949年11月24日至12月9日，中央人民政府财政经济委员会和财政部在北京召开首届全国税务会议。对于新中国的税收政策，中国人民政治协商会议通过的具有临时宪法作用的《共同纲领》第40条作了规定："国家的税收政策，应以保障革命战争的供给、照顾生产的恢复和发展及国家建设的需要为原则，简化税制，实行合理负担。"④首届全国税务会议根据这一精神，研究了统一全国税政的有关问题，提出了解决统一全国税政、建立新税

---

① 《陈云文选》第二卷，人民出版社1995年版，第1页。

② 《陈云文选》第二卷，人民出版社1995年版，第8—9页。

③ 《中华人民共和国工商税收史长编》第一部，中国财政经济出版社1988年版，第64—66页。

④ 《建党以来重要文献选编（1921—1949）》第二十六册，中央文献出版社2011年版，第766页。

制、加强城市税收工作等事关重大的原则性问题，经过充分的研究，拟订了《全国税政实施要则》等文件，这是当时统一全国税政的纲领性文件。1950年1月，政务院发布《关于统一全国税政的决定》，并附发了《全国税政实施要则》《全国各级税务机关暂行组织规程》《工商业税暂行条例》《货物税暂行条约》，对统一全国税收政策、规范税收系统中的各项制度起了积极作用。[①] 这些文件提出了"国家的税收政策，应以保障革命战争的供给，照顾生产的恢复和发展及国家建设的需要为原则，简化税制，实行合理负担"的政策精神；颁布了全国暂定统一征收的 14 种中央及地方税种；规定了各级税收立法权限以及各级税务机关任务与职权；在具体的税收条例上明确税收原则与税率，如货物税实行"税不重征""一物一税"的原则、工商税实行"工轻于商"的原则；税率方面，"一般的可暂依照国民党统治时期规定"，所得税分 14 级全额累进制分级计征，最低税率为 5%，最高税率为 30% 等；对于不同税的征收方法也有规定，货物税实行驻厂（场）征收、查定征收、起运征收三种方式，工商业税实行"自报实缴，配合查账办法""民主评议方式""定期定额征税办法"三种征收方法。[②]

统一税政是为了结束战争期间及新政权建立之时各地税制不一的混乱局面，这一举措不仅有利于中国共产党的执政，同时也是建立统一的现代国家的重要标志之一。中共中央坚定不移地执行统一税政：统一建立全国税收机构；统一由中央政府颁布税收条例法令。但是，对于具体的税收条例法令却延续了解放战争时期解放区的一些成功的做法；在城市工商税收方面，甚至沿用了国民党统治时期的税种与税率。有学者通过对比研究指出："根据全国税务会议的总结报告，就占工商税收大头的货物税和工商业税(不含盐税)来看，货物税基本上沿用了国民党统治时期的税种和税率；工商业税则是参考北京和上海两市的先行办法修改而制定的，实际上也基本沿用了国民党统

---

① 《中华人民共和国工商税收史长编》第一部，中国财政经济出版社 1988 年版，第 64—94 页。
② 《中华人民共和国财政史料·工商税收》第四辑，中国财政经济出版社 1987 年版，第 42 页。

治时期的税种和税率。"① 当然，沿用是选择旧税制中合理的沿用下来，对于国民党时期不合理的苛捐杂税则是坚决废除。废除国民党统治时的不合理的苛捐杂税实际上在解放战争时期便完成了，如天津解放后废除了 18 种、北京解放后废除了 21 种、上海解放后废除了 15 种。② 税制的沿用与废除，政策的变与不变，新政权是有所考量与选择的。

　　全国统一税收政策、税收制度的确定，统一机构的配备，更有中国共产党严格的纪律性带来的行政高效率和执行力，使税收工作取得了很好的成绩。1949 年 10 月至 1950 年 3 月，国家财政出现了收支接近平衡、物价趋于稳定的局面。当然，统一的税制并非表明它是尽善尽美的，其中也存在问题，如为了保证税收，统一的税制，"采取了'多税种、多次征'的办法，手续复杂，商品流转一次征一道营业税、营业附加及印花税"③，实际上对商业尤其是私营工商业不利。随着经济的变化，税制也需要不断调整与完善。1950 年上半年，由于政策的管制，以及"十二年来通货膨胀所造成的虚假购买力的迅速消失"和"城市购买力的降低"等多种原因，导致较大面积商品滞销现象。④ 这一现象的出现，进而"引起工厂关门，商店歇业，失业增加。这种现象带有普遍性，不仅发生在上海、天津等大城市，而且遍及许多中小城市。根据全国总工会的估计，今年三四月间全国新增加的失业职工约

① 武力：《一九五三年的"修正税制"及其影响》，《中国社会科学》2005 年第 5 期。
② 《中华人民共和国工商税收史长编》第一部，中国财政经济出版社 1988 年版，第 50—53 页。
③ 《1953—1957 中华人民共和国经济档案资料选编·财政卷》，中国物价出版社 2000 年版，第 390 页。
④ 陈云认为，这一时期工商界困难，主要是由商品滞销引起，商品滞销是由于购买力普遍下降引起。购买力下降又主要是"虚假购买力的消失和城市购买力的降低"引起。"虚假购买力的消失"是指"自抗战以后，通货一直膨胀，物价上升，人民重货轻币，都囤积物资，囤积量为数甚大，形成很大的虚假购买力，工商业在此基础上发展起来。物价稳定后，人民心理改变为重币轻货……并将过去存货纷纷外抛，致使工商业销路停滞。""城市购买力降低"的原因是"中国大城市的工业，大多是为城市与外国人服务的，解放后……帝国主义者、官僚资本家已不存在"，而居住在城市的公务员、职员、工商业者等的购买力大减。参见《陈云文集》第二卷，中央文献出版社 2005 年版，第 121—122 页。

十万人……全国各大城市的失业人口约三十八万至四十万人。全国失业人口总数已达一百一十七万人（包括东北的十二万五千人）。根据这次工商局长会议统计，今年一至四月，在十四个城市中有二千九百四十五家工厂关闭，在十六个城市中有九千三百四十七家商店歇业"①。基于这一局面，1950 年 6 月，毛泽东在党的七届三中全会上提出："巩固财政经济工作的统一管理和统一领导，巩固财政收支的平衡和物价的稳定。在此方针下，调整税收，酌量减轻民负。"② 这样，调整税收政策便在全国展开。调整，并不是对之前统一的否定，恰恰相反，没有之前的统一，后面的调整就无以为继。

第三节　城市工商税收政策与理念

新中国成立初期，中国共产党城市工商税收的政策与理念无疑承继了革命战争年代尤其是解放战争时期的税收政策与理念，但在成为执政党后，中国共产党更重视经济工作了，把在经济上的考验排在军事之上，强调打赢经济战，"使自己在经济上从而在政治上站住脚跟"③。显然，这表明新中国成立后，中共中央把经济工作视为影响政权稳定的头等大事。这样的判断，一方面是中国共产党对军事形势了解、有把握，而对经济工作、城市工作无经验、没有把握；另一方面是当时全国经济形势极为恶劣，先前国民党的腐败统治与战争的持续导致通货膨胀、物价飞涨，老百姓怨声载道。薄一波在后来的总结与回忆中说："努力制止持续多年的通货膨胀，实现社会经济的稳定。这是我们党从推翻国民党政府到掌握全国政权过程中所面临的新课题，也是对我们党执政能力的一次考验。"④ 全国税政统一就是在这一背景下展开

---

① 《陈云文选》第二卷，人民出版社 1995 年版，第 88 页。
② 《毛泽东文集》第六卷，人民出版社 1999 年版，第 70—71 页。
③ 《中国共产党的七十年》，中共党史出版社 1991 年版，第 272—273 页。
④ 薄一波：《若干重大决策与事件的回顾》（上），中共中央党校出版社 1991 年版，第 67 页。

的，同样，我们要讨论当时中国共产党的税收观念与思想，也要基于这一历史处境进行。也就是说，随着格局、时势、任务发生巨大变化，税收理念自然会有新变化，这些变化反映在公布的城市税收政策、法令与条例之中。不过，研究讨论中国共产党城市税收理念，更要关注毛泽东、陈云、薄一波等人关于财经税收的讲话与文章。他们是中共中央在经济工作方面的决策者与责任人，决定着新中国成立初期财经工作的任何重大决策，因此他们在言论中所表现出来的税收思想和观念代表了当时中国共产党的税收理念。1949年 7 月，中共中央成立中财委负责财经工作，中财委主任由中央政治局委员陈云担任。1950 年，陈云由中共中央书记处候补书记递补为中央书记处书记，与毛泽东、刘少奇、朱德、周恩来共同组成了中共中央最高领导层。① 陈云这样的政治身份与地位，表明了他是新中国成立初期财政经济工作的总负责人。薄一波时任财政部部长，他同时也是排名仅次于陈云的中财委副主任，具体负责全国税务工作。新中国成立之时，为了尽快地展开工作，毛泽东与中央便决定："中央人民政府的许多机构，应以华北人民政府所辖有关机构为基础迅速建立起来。"② 这样，"主要是以华北人民政府的有关财经部门为基础组建"了中财委、财政部。③ 财政部税务总局，亦是以原华北税务总局为基础成立的。④ 这一历史现象，也多少使曾为华北人民政府主要领导人的薄一波在财税系统中有更大的影响力。毛泽东对财经税收工作当然有最后的决定权，1953 年的"税制风波"就是最好例证。⑤ 朱德、周恩来等人的相关思想观念也必须注意。此外，时任税务总局局长李予昂、副局长崔敬伯也值得关注。

---

① 《陈云传》上，中央文献出版社 2005 年版，第 703 页。

② 《毛泽东年谱（一九四九——一九七六）》第一卷，中央文献出版社 2013 年版，第 31 页。

③ 薄一波：《若干重大决策与事件的回顾》（上），中共中央党校出版社 1991 年版，第 71 页。

④ 《当代中国的工商税收》，当代中国出版社 2009 年版，第 18 页。

⑤ 武力：《一九五三年的"修正税制"及其影响》，《中国社会科学》2005 年第 5 期。

作为当时税务总局唯一的副局长，崔敬伯的身份极为特殊，他是中国近现代著名的财政学家、财经教育家，著有《中国财政简史》等财税专著，抗战前长期在燕京大学等高校从事财税教学工作；1936 年被国民党政府聘为所得税筹备委员会特约评论员直接参与了创立工作；1938 年后开始在国民党政府财税系统中任职，担任过川康直接税局局长、财政部直接税署副署长等职。1949 年 9 月，在华北人民政府副主席杨秀峰、蓝公武的邀请下，崔敬伯北上参加新中国的建设工作，12 月被任命为财政部税务总局副局长。作为新政府税务总局副局长，崔敬伯参与筹备和召开首届全国税务会议，参与制定《全国税政实施要则》，统一全国税政，创建新中国税制体系，成为新中国税收体制的奠基人之一。① 没有革命政治背景的崔敬伯，被新政府任命为财政部税务总局副局长，其财税专家的身份是最重要的原因。检阅新中国成立初期中央颁布的税政、税制的条例法文，规范与表述极具专业性、严谨性，毋庸置疑，这些与崔敬伯是分不开的；不仅如此，崔敬伯对新政府实施的财税政策法令，以财税专家的身份写了不少文章进行阐释和论述。因而，在考察新中国成立初期中国共产党的财税理念时，这些文章反映出的理念也不能无视。

概括而言，新中国成立初期的城市工商税收理念主要有以下几个方面。

第一，加强城市税收工作。具体而言就是聚焦城市工商税收，把城市工商税作为增加税收，进而解决当时财经困难的主要途径。从一定意义上说，新中国成立初期秉持的是战时财政理念，实行"增税"政策，而增税则主要是"在城市工商业税收上多想办法"。② 当时，陈云在写给毛泽东、党中央的信中亦明确表示："今后应多在城市税收方面打主意。"③陈云这样说有其历

---

① 参见《崔敬伯财政文丛》(下)，中央编译出版社 2015 年版，第 1448—1470 页；付志宇：《近代中国税收现代化进程的思想史考察》，西南财经大学出版社 2015 年版，第 196—197 页。

② 《中华人民共和国工商税收史长编》第一部，中国财政经济出版社 1988 年版，第 74 页。

③ 《陈云文集》第二卷，中央文献出版社 2005 年版，第 56 页。

史背景。新中国成立之时，财政经济严重困难，究其原因，一是与国民党的军事作战仍在中国大陆南部、西部较广大的地区进行，战争费用开支浩大，而军事费用开支一年半载无法降下来，因为"要解放台湾就要建设海军、空军，要买军舰、飞机"。二是由国家财政开支供给的人数巨大，陈云在首届全国税务会议上说："现在全国供给人数已达七百五十万人，明年预计达到九百万人。其中包括接收的国民党军政人员和职员。"此外，新中国初建，百废待举，各种建设工程、任务都要进行，这都要国家投资。按陈云的话来说，就是"铁路要建设，否则，经济事业的发展有困难。破坏的经济建设要恢复。这些都需要国家拿出大量的钱来，不然是办不成的"①。如何解决这一严重的财政困难呢？

这一困难当然不是 1949 年 10 月 1 日以后才有的，它在新中国成立之前就存在了。1949 年 7—8 月，受中央委托，陈云召开了上海财经会议。在会上，陈云说："解放战争还在广大地区进行。作战费和六百多万脱产人员的费用，很大部分是依靠发行钞票来解决的。"也就是说，在 1949 年 8 月前，战争导致的财政困难主要是以印钞票的方法来解决。那么 1949 年 8 月后呢？陈云说，1949 年秋冬季及来年的情况依然会很严重，"开支能否少一些呢？不能。首先，军费不能减，减少了就不能保证部队的需要。……怎么办？无非是两条：一是继续发票子，二是发行公债。"陈云指出，应尽量多发行些公债，以换取少印钞票，他解释说："假如只走前一条路，继续多发票子，通货膨胀，什么人都要吃亏。实际上有钱的人，并不保存很多的现钞，吃亏最大的首先是城市里靠薪资为生的人，其次是军队，以及党政机关的人员。少发票子就得发公债。"多发钞票，会引发通货膨胀，大多数人受影响，所以要少发钞票，多发公债。而且公债的发行主要是在城镇，主要是针对城市大小私营工商业者，影响面相对小些。基于东北发行公债的经验，陈云主

---

① 《陈云文集》第二卷，中央文献出版社 2005 年版，第 39、40 页。

张"公债数目可以定大一些"，因为"关内私营经济占的比重比东北要大得多，公债数目可以定大一些"。确定多发公债后，陈云强调："当然发公债也不能解决全部问题，还要努力搞好整顿税收、精简节约、调剂物资等方面的工作。"① 简约而言，在上海财经会议上，陈云提出解决财政困难的方法依次为：发行公债、发行钞票、搞好税收。针对原来只"多印票子"的做法，此时陈云更注重的是发行公债，税收的位置是排在后面的。

新中国成立时的财政，实际上是战争财政。崔敬伯著文解读《共同纲领》的纳税政策时就说，纲领第 40 条规定税收第一原则是"保障革命战争的供给"，"这便意味着：当前的中国财政，还不是平时财政，而是战时财政。"打仗是最费钱的事，这个钱，该从哪儿来呢？……该怎样筹措呢？这不能不想到战时财政所用的三件法宝——增税、募债与发钞。"崔敬伯接着对三种方法进行分析解释："这三个法宝之中，以发行钞票最方便而省事，是抵抗力量最小的一条路，在政府方面，只要钞票印刷机的轮子一转动。在人民方面，也乐得轻松，不像增税之惹起叫喊，也不像公债之苦口劝募那样费事，是抵抗力最小的一条路。"但是，多发钞票，会引起通货膨胀，滥发钞票则会使整个国民经济陷入崩溃。"募债虽较发钞为优，将来还要还本付息，加重此后多年的人民负担，又不如增税之作一段，了一段。"② 也就是说，一般而论，解决战时财政困难的最优方法应该是增加税收，次为发行公债，再次为多发钞票。如此，在上海财经会议上，陈云为什么不把增加税收放在更重要的位置呢？因为战争仍在大规模进行，社会秩序并不稳定，刚解放的地区与城市没有建立起稳定有效的行政机构，通过增加税收有效解决财政困难几乎不可能。而战争又在迅猛发展，政府财政赤字过大，不得已只有多发钞票，同时，为了尽量减少危害，陈云提出要尽可能地发行公债。

1949 年 10 月中旬开始，全国普遍出现"币值下跌和物价上涨"。如何

① 《陈云文选》第二卷，人民出版社 1995 年版，第 1、6、7 页。
② 《崔敬伯财政文丛》（下），中央编译出版社 2015 年版，第 1274 页。

解决问题呢？在首届全国税务会议上，陈云明确把增加税收作为解决财政困难的重要手段："摆在我们面前的只有两条道路，需要我们作出选择：一为增加税收，一为发行票子。发行票子有什么结果呢？通货膨胀，物价上涨，老百姓叫苦，共产党被骂为与国民党没有什么区别，而投机商人则大发横财，社会经济紊乱。……所以，我说只有一条路可走，即增加税收。"① 薄一波在写给朱德的信中更明确表达："解决财政困难，惟有增加税收。"② 多发钞票被排除否定了，增加税收成为主要方法。

既然增税，为什么"今后应多在城市税收方面打主意"而不在农村打主意呢？陈云在写给毛泽东、党中央的信中说得很明白："农民负担占其总收入的百分之二十，已够重了，不能再加"，当然"也不能减轻"，而"城市负担比较轻，今后应多在城市税收方面打主意"。③ 农民的负担不仅是要交 20% 的总收入，而且还承担"其他负担及代耕支前任务"。④1949 年 4 月，刘少奇在天津与工商业家座谈时曾说，现在"主要负担是农民……他们又要出公粮，又要当兵，又要当伕子，支援前线，优抗代耕，出教育费等等"⑤。薄一波也曾说："解放战争中，解放区人民的劳动力平均每年有七十天到一百天用在支援前线、运粮运弹药的工作上。"⑥陈云还对比农民与资本家负担说，"农民负担重于资本家的几倍，这是不应当的"⑦。基于此，财政部向政务院报告说，农民负担已很重，不能再加，今后主要应该在城市工商业税收上多想办法。在《税收在我们国家工作中的作用》一文中，薄一波开篇即

---

① 《陈云文集》第二卷，中央文献出版社 2005 年版，第 40 页。

② 《薄一波书信集》上，中共党史出版社 2009 年版，第 113 页。

③ 《陈云文集》第二卷，中央文献出版社 2005 年版，第 56 页。

④ 《中华人民共和国财政史料·工商税收》第四辑，中国财政经济出版社 1987 年版，第 39 页。

⑤ 《建党以来重要文献选编（1921—1949）》第二十六册，中央文献出版社 2011 年版，第 361 页。

⑥ 《薄一波文选（一九三七——一九九二）》，人民出版社 1992 年版，第 83 页。

⑦ 《陈云文集》第二卷，中央文献出版社 2005 年版，第 42 页。

说，"我国的财政工作，现在面临着一个重大转变，就是要把城市税收在整个财政收入中的比重提高"，并指出"目前，国家财政工作的主要任务是开辟城市税收"。薄一波这篇文章被中共中央肯定为"解决了当前政治经济工作中的重大问题"，并作为《人民日报》社论公开发表。① 这说明，增加城市税收是当时党和政府的意识。

从哪几个方面入手来增加城市税收呢？首届全国税务会议就明确提出，要以货物税、工商业税为税收重点。在包括营业税、所得税、临时商业税、摊贩牌税在内的工商业税中，征收最为困难、复杂的是营业税和所得税。在当时账簿不健全，工商业者普遍存在偷税漏税的情况下，税务总局要求主要以民主评议的方法进行征税。② 对于民主评议的征税方法，在当时政、学、商界都引起了一定争议，薄一波及税务总局仍坚持推广民主评议，其中一个重要原因是民主评议在方法上能确保税收任务的完成。把货物税作为增税的重点，当然是因为相关部门看到了，"在目前经济现实的基础上，所有现行税类之中，除农业税而外，自应以货物税的税源为广，税收为多，足以供应国家收入的需求"。③ 增收货物税，主要是通过增加税目、税率来实现。增加税目的主要有烟叶、纸张、瓷器、植物油、匹头、肥皂等，增加税率的有卷烟、棉纱、麻纱、面粉、糖精、化妆品、迷信品、皮毛、水泥、火柴等。整体上，"对于必需品、非必需品以及奢侈品，分别得很仔细。税率的轻重，莫不比照货物的性质，详细区分"。④ 货物税是间接税，税还是会转嫁给消费者，消费者尤其是日常生活用品的消费者绝大多数是平民百姓，增加货物税，实际上增加了平民百姓的支出。何况当时的税收理论，把间接税视为"不良税"，直接税视为"良税"。对此，税务机关是如何解释的呢？崔敬伯

① 《薄一波文选（一九三七——一九九二）》，人民出版社 1992 年版，第 86—87 页。

② 《中华人民共和国财政史料·工商税收》第四辑，中国财政经济出版社 1987 年版，第 43 页。

③ 《崔敬伯财政文丛》（下），中央编译出版社 2015 年版，第 1256 页。

④ 《崔敬伯财政文丛》（下），中央编译出版社 2015 年版，第 1257 页。

说："今天的货物税与国民党时期的货物税不同，课税是以国家的政治制度和经济制度作基础的，政治经济起了变化，税课也便从根本上发生变化。其不同处，并不在税率轻重和种类多寡的问题上，而是本质上的不同。""租税体系的塑形，是要受政治和经济两大条件的支配的。政治和经济有了变革，租税体系也随着变革。……原来认为不良的税，可以变为'有力的杠杆'。"货物税就是这样的，在资本主义和半殖民地半封建社会，贫富差距大，要穷人和富人同负一种税率的消费税，当然不合理；但是，"剥削制度推翻了，各个国民所得大致平均，这时叫他们担负同一税率的消费税，岂不更合乎公平普遍的原则？并没有什么不合理"。① 这是从社会性质、社会经济现象来解释货物税是"恶"与"良"。新中国人民政府的货物税就是良税。更为重要的是，在新中国，间接税的实施除了集聚资金为建设服务外，还可调节消费、指导生产。"对于非必需品，因为课税或税率稍重的缘故，而减少或停止消费，结果可以把节约下来的一部分收入或余资，更用之于有益的方面，增大其社会的效能"；而"对于非必需品课税或重税之后，减少了消费，因而减少生产或是降低其生产的利润，结果可使非必需品的私营企业，渐趋收缩，将资本与劳力，转移于有益的方向，则对于经济建设，必发生良好的影响"。② 为了抓好货物税征收，税务总局还举办了全国货物税业务会议，以解决相关问题。

第二，反对税收工作中的片面"仁政"观。新中国成立后，中央人民政府委员会通过了增加税收的提案。③ 一个新政府建立，立即实行增加税收政策，而不实行减税轻税措施，这明显有违中国传统政治的仁政理念。仁政，是中国传统政治思想的一个重要观念，它要求、希冀执政者对待百姓要宽厚，施以恩惠和利益，以争取民心。从一定意义上讲，施仁政，是执政者为

① 《崔敬伯财政文丛》（下），中央编译出版社2015年版，第1255—1279页。
② 《崔敬伯财政文丛》（下），中央编译出版社2015年版，第1255—1257页。
③ 《陈云文集》第二卷，中央文献出版社2005年版，第41页。

自身政权获取正当性的策略，因而，在中国历史上，新建立的王朝往往都会实施仁政，通过"省刑罚""薄税敛"等方法，让百姓休养生息，执政者因此获得民心，进而获得新王朝确立的正当性。① 新中国成立初期，"薄税敛"的仁政思想也出现了。薄一波回忆说："建国初期，党内外在税收问题上一度流行所谓施'仁政'的观点，似乎收税越少越好。我们过去反对国民党的苛捐杂税，现在有些同志自己也不敢收税了。"② 新政府中的民主党派人士，相对中国共产党党员而言，受中国传统的思想观念影响更大，主张仁政仍在情理之中。薄一波这段话表明，少收税的仁政观在党内也很有市场，以至于他用了"流行"一词来表达。不过，这段话也揭示出当时仁政观的流行，不仅是传统政治观念与历史的原因，党自身革命年代的历史也是重要原因。"我们过去反对国民党的苛捐杂税"，尤其是"有些在国民党统治下长期做地下工作的同志，他们领导过抗租、抗粮、抗税运动，反对过国民党的苛捐杂税；现在，自己掌握了政权，反过来也要向人民征粮征税，在思想上感情上往往一时扭不过来"。③ 不仅如此，在解放战争开始攻占大城市时，对于解放了的城市还实行了免税政策："石家庄解放后半年多时间未征税……还有些城市在解放后宣布免税一年，或宣布只征某一、二种税。"④ 这是在城市的情境。而在老解放区的农村，在战争动员征公粮时，中国共产党曾宣称："将来战争结束后我们不要了或减低了"，但是，新政权成立了，"农业税还是百分之二十"。兑现不了承诺，情感上就会"扭不过来"。首届全国税务会议上，薄一波在大会发言中说："我过去个人是主张轻税的、减税的，现在我思想打通了，从思想上认识到税收的

---

① 葛荃：《论孟子仁政思想的历史合理性与政治正当性》，《政治思想史》2018 年第 1 期。

② 薄一波：《若干重大决策与事件的回顾》（上），中共中央党校出版社 1991 年版，第92 页。

③ 《薄一波文选（一九三七——一九九二）》，人民出版社 1992 年版，第 91 页。

④ 《中华人民共和国工商税收史长编》第一部，中国财政经济出版社 1988 年版，第 48—49 页。

重要性。"① 陈云的思想"打通"得更早一些，他说："个人对税收问题也只是从四七年在东北财委时初步有了解，但是认识是不深刻的，直到今年到天津、上海后才从思想上彻底认识这一问题。"②

陈云、薄一波是中国共产党党内主管经济工作的最高领导成员，他们清晰地认识到新政府成立时面对的困难与任务，无论是完全打败国民党军队、解放台湾统一中国，还是解决财政赤字、通货膨胀的经济困境，以及巩固新政权、迅速恢复经济生产、发展现代工业、建设新中国，都需要大量的资金，因而不能轻言减税。陈云曾斩钉截铁地说："目前一切主张轻税的思想是错误的。"③ 同时，他们对中国共产党队伍里的思想状况有着俯视式的认知与判断，他们显然认为仁政观念会影响到增加税收的任务，而且他们认为这种"糊涂"的仁政观不仅在税收队伍中存在，在党政各级部门都存在。陈云在首届全国税务会议上说："对于税收任务的完成，中央很担心，因为还有很多同志对税收认识不够，某些地方的党政领导还没有从思想上认识到税收的重要性，不给税收工作增加力量，甚至有的还存在着片面的群众观点与仁政观点，以为向老百姓要钱越少越好，向国家要钱越多越好。"④ 薄一波说，当前"人民政府工作人员中的多数，对于城市税收的重要性是不了解或认识不足的"，税收工作存在着"一种重要的困难，就是在各级人民政府许多工作人员中，还存在着一些不愿从事税收工作、轻视税收工作的糊涂观念，因而阻碍税收工作的进行。这些糊涂观念，根本上还是从一种所谓的'仁政'的观点而来的，即以为'向老百姓要钱'就不算革命工作，因此造成一种空气，似乎被派到税收机关工作，就是因为'犯了错误'"。⑤ 或许，陈云、薄

---

① 《中华人民共和国财政史料·工商税收》第四辑，中国财政经济出版社 1987 年版，第 40 页。

② 《中华人民共和国工商税收史长编》第一部，中国财政经济出版社 1988 年版，第 69 页。

③ 《陈云文集》第二卷，中央文献出版社 2005 年版，第 43 页。

④ 《陈云文集》第二卷，中央文献出版社 2005 年版，第 42 页。

⑤ 《薄一波文选（一九三七——一九九二）》，人民出版社 1992 年版，第 86、90 页。

一波自身对增加城市税收的认识都有一个转变的个人体验，因而，他们在会议上、报告中特别强调反仁政观念。

反对税收工作中的仁政观念，陈云、薄一波主要是从以下几个层面进行解释说明的：一是指出增加税收是解决财政困难的最好办法。这一观点主要是对比发行钞票与发行公债而言，增加税收是最不坏的选项。前文对此已有论述，这里就不再赘述。薄一波甚至论证用征税解决财政困难，相比较多发票子，不仅可以避免通货膨胀，还不妨害生产："多发票子，其实质只是一种盲目的、无计划的、不利于经济正常发展的做法……税收是有计划有组织的合理负担，它可以给税赋单位以预备的余地，先期预备税款，不妨害人民的生产计划。"[①] 二是从城乡负担要平衡的角度出发，指出农村公粮负担已经很重了，远重于城市。"全国农民平均负担占其农业总收入的百分之十九强，而老解放区则占其农业总收入的百分之二十一"[②]；"中国人民革命事业的财政需要，百分之八十以上为农民所负担，现在农民的负担不好再提高……我们应该根据人民政协共同纲领所规定的'简化税制，实行合理负担'的原则，平衡城市工商业者和农民的负担"[③]。平衡负担，不是要减轻农民税收，"农民负担重于资本家的几倍，这是不应当的。但是，目前不是减低农业税，而是增加城市负担来取得平衡，农业税的减低是将来的问题"[④]。不减农村税，增加城市税，以此求得平衡。上面的表述，说明增税主要是在城市，是对工商业者，当然最主要的就是资本家了。所以，薄一波还说："现在国家财政需要很大，要资本家自动增加税是不可能的，我们有的同志只听信于商人资本家的叫喊，在思想上对国

---

① 《薄一波文选（一九三七——一九九二）》，人民出版社 1992 年版，第 86、90—91 页。

② 薄一波：《关于一九五〇年度全国财政收支概算草案的报告》，《人民日报》1949 年 12 月 4 日。

③ 《全国税务会议开幕，财经委员会薄副主任出席讲话，强调统一税政及制定税收计划》，《人民日报》1949 年 12 月 27 日。

④ 《陈云文集》第二卷，中央文献出版社 2005 年版，第 42 页。

家财政需要认识不足。因此，我们必须考虑到不要听信资本家的叫喊。征税，不管怎么样，资本家是要叫的。"① 三是从税则税率、历史对比、现实调查论证分析城市税收并不重。薄一波撰文指出："政府对工商业征收其营业总收入额的百分之一至百分之三，或征收其营业总收益额的百分之一点五至百分之六的营业税，征收其纯收益最高不超过百分之三十的所得税，这能说重么？而且城市税收大多数都是间接税，就是说，大多数会转嫁到广大消费者身上去，实际上并不是都由工商业者自己担负的。"他以天津为例来说明税收并不重："有人说……天津税收很重。事实上天津的情况怎样呢？经过去年一年的征税，天津工商业是发展了，而不是萧条了。天津工商业户原为三万二千三百零五户，年底歇业者一千二百五十五户，增设者六千一百二十户，增减相抵，共增四千八百六十五户。增多的，是对国计民生有益的五金业、铁木厂、粮食店、煤炭、盐、席等业。歇业或转业的，则多是过去完全依靠销售帝国主义洋货的消费店，依靠官僚资本的钱庄等，以及迷信品制造业、西服店、金银首饰等业。"他用天津用电量的增长来证明工商业是发展了的，并得出结论："那种所谓人民政府的工商业税已超过了工商业者的纯收益，侵及了他们的老本的说法，是完全不真实的。"薄一波还把人民政府的税收与国民党时期税收总额进行对比，均得出"今天的城市税收并不重"的结论。② 四是从国家政权性质和税收性质来论证增税的性质。薄一波说："要懂得人民政府的税收制度与国民党反动派统治的税收制度有根本的区别……国民党是'取之于民，用之于己'，而人民政府则是'取之于民，用之于民'。相差只是一个字：'己'乎？'民'乎？而税收性质就完全两样。"③ 崔敬伯在《怎样认识纳税？》一文开篇就提

---

① 《中华人民共和国财政史料·工商税收》第四辑，中国财政经济出版社 1987 年版，第 38 页。

② 《薄一波文选（一九三七——一九九二）》，人民出版社 1992 年版，第 89—90 页。

③ 《薄一波文选（一九三七——一九九二）》，人民出版社 1992 年版，第 91 页。

出性质决定一切："时代有了根本变化，对于一切事物的看法，就该有本质的不同。这不是数量上的多少问题，也不是分量上的轻重问题，更不仅是形式上的新旧问题，而是本质上发生了划时代的变化问题。""在过去的特权时代，一方是剥削者，另一方则是被剥削者……课税是发生剥削的作用，而纳税则是发生被剥削的作用。""轻徭薄赋"也是假仁政，是为了"拔你的毛，避免你的叫"。而今天建立的人民政权，"政府是人民自己的，不再属于什么家族和寡头，人民纳税，是给自己办事，是为自己纳"，"在课税与纳税的关系，在形式上，一方是政府，一方是人民；但在实质上，好比右手交给左手，又好比从右边的荷包掏出来，放到左边的荷包，左右没有离开人民的本身"。① 性质决定一切，轻重不是问题。五是从人民长远利益出发，解说增税是为了人民未来生活更美好。中国共产党党内反对片面仁政观并非新中国成立初期才出现。在1941—1942年抗战艰苦时期，为了渡过难关，陕甘宁边区政府便采取了一些加重粮税劳役的做法。当时，谢觉哉等党内干部对此做法表示反对，提出要施仁政，照顾民众生活。对于谢觉哉等人的仁政观，毛泽东明确给予批评："有些同志不顾战争的需要，单纯地强调政府应施'仁政'，这是错误的观点。因为抗日战争如果不胜利，所谓'仁政'不过是施在日本帝国主义身上，于人民是不相干的。反过来，人民负担虽然一时有些重，但是战胜了政府和军队的难关，支持了抗日战争，打败了敌人，人民就有好日子过，这个才是革命政府的大仁政。"② 在毛泽东看来，眼前利益、局部利益是"小仁政"，长远利益和整体利益是"大仁政"，中国共产党人应该着眼于"大仁政"。③1949年面对税务工作中的仁政观，陈云也运用了这一逻辑："现在税重一点，国家财政有了办法，将来什么事都能成功。农业国

---

① 《崔敬伯财政文丛》（下），中央编译出版社2015年版，第1272—1273页。
② 《毛泽东选集》第三卷，人民出版社1991年版，第894页。
③ 梁宝伟：《毛泽东的"大仁政"观探析——兼论大仁政是中国共产党执政的鲜明特征》，《毛泽东邓小平理论研究》2017年第3期。

变成了工业国，人民自然会欢喜、拥护；反之，现在轻税一些，将来变不了工业国，万事不成，群众是要骂的。"①

反对仁政观念在新中国成立初期并没有一直强调、坚持与持续下去。1950 年 6 月 6 日，陈云在党的七届三中全会上发言说："毛泽东同志提出，今年夏征要减少，秋征也要减少一点。至于税率，我看在三五年内，一般的不提高，一部分还可能略为降低一点。这样的方针是对的，是应该采取的。因为中国经过了十二年的战争，人民很苦，这是第一。第二，照老规矩，开国的时候，对老百姓总应该好一点。我们现在是开特别的国，这一个国不同于大清帝国，也不同于北洋军阀、蒋介石那个国，对人民当然更应该好一些。"② 年初还在强调反对仁政观念，年中便说要"照老规矩，开国的时候，对老百姓总应该好一些"，肯定仁政了。什么促使陈云发生了这一转变呢？是 1950 年 3 月始，全国大城市，甚至中小城市出现了较为严重的"工厂关门、商店歇业、失业增加"的市场萧条现象："上海市统计，4 月份大米和棉纱的批发交易量，分别比 1 月份下降了 83% 和 47%；3 月份同 1 月份相比，百货营业额大商号减少了一半，中小商号减少 90%。到 4 月下旬，全市倒闭的工厂有 1000 多家，停业的商店有 2000 多家，失业的工人在 20 万以上。"③ 形势困难，使上海资本家出走不少，据 1950 年 4 月 16 日统计，当时上海工业界资方出走人数为 130 人，所辖工厂 120 家，以染织业人数最多，占总数 21%，棉织业占 16%，丝织业占 8%，卷烟、面粉业占 7.7%。出走原因多为经营不善，负债过巨，计 54 人；资本家出走去向香港最多，为 35 人，其他 10 人，不明 85 人。④ 上海商业界出走也达 115 人，其中旅馆业 21 家，33 人；酒茶业 15 家，15 人；鞋业 13 家，13 人；百货业 12 家，8 人；戏院剧场业 9

---

① 《陈云文集》第二卷，中央文献出版社 2005 年版，第 43—44 页。

② 《陈云文选》第二卷，人民出版社 1995 年版，第 95—96 页。

③ 薄一波：《若干重大决策与事件的回顾》（上），中共中央党校出版社 1991 年版，第 94 页。

④ 《1949—1952 中华人民共和国经济档案资料选编：工业卷》，中国物资出版社 1996 年版，第 386 页。

家，9人；舞厅业6家，8人；等等。① 北京1950年5月统计的工商业数据也不乐观：商业3月起歇多于开，开业261户，歇业372户，从业职工及资金数目均是歇多于开，到4月以后变化更大。4月申请歇业的738户，申请开业的236户，歇业是开业的三倍多，其中歇业最多的是米面粮业、粮栈业、布业、煤铺业、百货业等。天津市商业歇业户在1950年2—4月也是逐步加大的趋势：2月为174户，3月为261户，4月为518户。② 陈云在相关报告中说："根据全国总工会的估计，今年三、四月间全国新增加的失业职工约十万人……全国各大城市的失业人口约三十八万至四十万人。……今年一至四月，在十四个城市中有二千九百四十五家工厂关门，在十六个城市中有九千三百四十七家商店歇业。"③ 市场萧条，工厂商户关闭，工人失业自然增多，就"激化了一些社会矛盾，失望和不满的情绪在一部分工人和城市贫民中迅速蔓延。上海市长陈毅同志报告，1950年3、4月份上海人心浮动，匪特乘机活动，市面上发生了吃白食、分厂、分店、抢糕饼、打警察、聚众请愿和捣乱会场等一类的事件。经济问题已影响到了社会的安定"④。1950年2月，上海闹到市劳动局的劳资纠纷有130余次，包围资本家有177次，发生工人请愿7次。⑤

对于这一现象，中共中央召开多次会议研究，决定要调整工商业，让私营工商业发展起来，进而解决这些问题。这既符合《共同纲领》，也是为了解决现实问题："维持了私营工商业，第一维持了生产；第二维持了工人；第三工人还可以得些福利。当然中间也给资本家一定的利润。但比较而言，目

---

① 《1949—1952中华人民共和国经济档案资料选编·商业卷》，中国物资出版社1995年版，第350页。

② 《1949—1952中华人民共和国经济档案资料选编·商业卷》，中国物资出版社1995年版，第351—352页。

③ 《陈云文选》第二卷，人民出版社1995年版，第88页。

④ 薄一波：《若干重大决策与事件的回顾》（上），中共中央党校出版社1991年版，第95页。

⑤ 《陈毅传》，当代中国出版社1991年版，第476页。

前发展私营工商业，与其说对资本家有利，不如说对工人有利，对人民有利。"[1] 正是在这一基调下，毛泽东在党的七届三中全会上提出，要"巩固财政经济工作的统一管理和统一领导，巩固财政收支的平衡和物价的稳定"，"在此方针下，调整税收，酌量减轻民负"。[2] 减税当然也成为减轻民负的内容了。其实，1950 年 4 月 12 日，陈云在中财委的一次会上就明确表示要减税："我们既在经济上承认四个阶级，有利于国计民生的私人工商业就要让他发展，有困难就要帮助。……对资产阶级无非有两种办法；一是不给'油水'；二是给一点'油水'……我主张从预算内划出一部分，给资产阶级一点'油水'……给'油水'也有一个如何给法的问题。一是税收放宽；再就是税收不放宽，银行给贷款。后一种办法是给了好处，人家也不知道；前一种办法好在明处。所以还是实行前一种办法。"[3] 这样，减税政策就开始实施了。

虽然反对税收工作中的仁政观在新中国成立初期只进行了较为有限的几个月时间，但它能从一个侧面反映出中国共产党执政的理念，以及中央经济工作最高层对经济工作队伍的思想分析、判断，也直接影响了当时的税收工作。

第三，主张简化税制，合理负担。"简化税制，合理负担"在《共同纲领》第 40 条关于国家的税收政策上有明确表述，崔敬伯认为它们是"税收政策的两个方面。'简化税制'是就着政府的责任来讲的，'合理负担'是就着人民的责任来讲的"，"简化税制有两个用意：一是从纳税人方面着想，负担重一些，没什么，就怕繁，头绪多，摸不着头脑。就怕扰，添啰唆，妨碍了交流。所以要简。二是从政府方面着想……以最少的征收费，取得充分的税收"。这就是说，通过简化税制，让纳税人清楚明白，让政府少费多收。如

---

① 薄一波：《若干重大决策与事件的回顾》（上），中共中央党校出版社 1991 年版，第 98 页。

② 《毛泽东文集》第六卷，人民出版社 1999 年版，第 70—71 页。

③ 转引自薄一波：《若干重大决策与事件的回顾》（上），中共中央党校出版社 1991 年版，第 102—103 页。

何实施简化呢？采用"简化税收机构，不可政出多门""简化税种税率""简化征收方法"三种方法。[①] 这不仅是从技术、功利计算层面进行的分析与解释，也有历史与政治因素。国民党政府时期，苛捐杂税之多之乱之滥，被人民讥讽为"国民党万税"，这一现象，肯定是新政府要避免和变革的，简化税制必须进行。而简化税制中的简化税收机构，不可政出多门，实际上是有利于建立全国统一性的税收机构，这又完全符合中国共产党的组织原则、历史与习性。1950 年初颁布的《全国税政实施要则》《全国各级税务机关暂行组织规程》《工商业税暂行条例》等，都是围绕简化税制而展开。国民党政府时期存在的多个税务机构体系被取消了，一些税种合并简化了。应该说统一税法的公布实施、统一税务机构的行政运作都充分体现了简化税制的理念。

合理负担，陈云等人有时称之为平衡负担，是指对于税负，要做到公平合理。经济学家亚当·斯密在《国富论》中阐述赋税的基本原则时，把公平视为第一原则，优先于确定、便利、节省三原则。他还进一步说："一国国民，都须在可能的范围内，按照比例于各自的资力，即按照比例于各自在国家保护下享得的收入，提供国赋，维持政府。"[②] 如此，强调公平合理承担税负是基于解释税理而言，更何况在当时一方面要增税，另一方面税负不平衡极为严重，农村负担过重。陈云说："在平衡负担上，首先应取得城乡负担平衡，然后城市要超过农村。"[③] 作为"整理与统一全国税政税务具体方案"的《全国税政实施要则》第二条就是："农民负担远超工商业者的负担，为使负担公平合理，应依据合理负担的原则，适当平衡城乡负担。"[④] 在当时的文献中，只要谈论合理负担问题，城乡负担不均、农

---

① 《崔敬伯财政文丛》（下），中央编译出版社 2015 年版，第 1276—1277 页。

② ［英］亚当·斯密：《国富论》下，郭大力、王亚南译，译林出版社 2013 年版，第 361—362 页。

③ 《陈云文集》第二卷，中央文献出版社 2005 年版，第 42 页。

④ 《中华人民共和国财政史料·工商税收》第四辑，中国财政经济出版社 1987 年版，第 46—47 页。

民负担过重都会提到。实际上，合理负担不仅限于城乡之间，还有"工业与商业、坐商与行商、大企业与小企业，以至行与行、户与户之间的负担合理"问题；同时还"须注意直接负担与间接负担"问题，即"税负的转嫁与归宿"。不过，城乡负担不均、农村负担过重是当时政府最关注的问题。因而，在讨论、解释公平负担时，最为重要的内容是通过城乡负税的对比来论述城市工商业的负税必须增加。崔敬伯在讲述直接负担与间接负担、税负的转嫁时说："课于乡村的农业税，不大容易转嫁，而课于都市的工商业税，很多容易转嫁。今日税收的负担上，已经存在着乡村重于都市的现象，再加上转嫁的作用，大部还要转到乡村，那就太不合理了！所以城市中工商业方面的税负，至少要和农业税看齐！""在各项税收之中，盐税是绝大部分由农村负担，关税也有大部分转到农村，货物税则是将税额加入销货价格之中，工商业者所负担有限。至于工商业税的营业额计税部分，又可大部分转嫁。印花税的商事凭证，亦可把发货票所贴的印花，加入货价之内。只有按所得额计税的部分，算是直接负担的成分大一些，但亦不能说毫无转嫁。如此说来，真正归于工商业者负担的税负，又能有多少呢？如此而仍要叫喊税重，不知重从何来？轻重是由比较而得，我们要和乡村农民的负担比一比啊！"[①]

此外，注重税收的调节作用也是这一阶段较为明显的税收理念。时任中央人民政府副主席朱德在首届全国税务会议上说，税收工作"是经济建设很好的指导机关，因之，首先要健全调查统计工作，调查后便于征收，也便于计划，管理市场"；"把税收机关变成为生产的计划局、调查统计局、监督生产局、肃清浪费局"。[②]薄一波也指出："确定税收税率上，要注意到我们还不是单纯的财政收入。我们要注意到打击哪些，限制哪些，照顾哪些，发展与保护哪些。'公私兼顾，劳资两利，城乡互助，内外交流'的原则必须把

---

① 《崔敬伯财政文丛》（下），中央编译出版社2015年版，第1277页。

② 《中华人民共和国工商税收史长编》第一部，中国财政经济出版社1988年版，第67页。

握住。如我们对猪鬃马尾的出口换取外汇，那么可以奖励免税。"① 也就是说要通过税收政策来调剂生产、指导行业发展。税务总局负责人在谈到税收政策与立法时说，按照各种行业对于国计民生所起的作用，适用不同的税率，在轻重上加以区别；税法拟定的要旨，是工轻于商，必需品的制品轻于非必需品的制造，重工业轻于轻工业。② 新中国成立初期公布的税务条例体现了上面的精神。

解放战争时期，中国共产党在大规模解放大中城市之前是强调税收的阶级性的，随着管理城市经验的增多，认识到农村"打土豪、分田地"式的方法在城市难以复制。在农村分田到户，不仅不会影响农业生产，一般会促使生产增产增收，而在城市，打倒资本家，工厂企业就倒闭，生产停止，工人会失业，社会就会不稳。因而，在解放战争后期，中共中央强调要保护城市工商业者，在相关政策中，把阶级斗争的对象限定在帝国主义、官僚资本主义，而对民族资产阶级、工商业者明确给予保护。新政府成立之时公布的具有临时宪法作用的《共同纲领》在序言中指出，新政权实行人民民主专政，中国人民民主专政是中国工人阶级、农民阶级、小资产阶级、民族资产阶级及其他爱国民主分子的人民民主统一战线的政权。《共同纲领》第 3 条规定："中华人民共和国必须取消帝国主义国家在中国的一切特权，没收官僚资本归人民的国家所有，有步骤地将封建半封建的土地所有制改变为农民的土地所有制，保护国家的公共财产和合作社的财产，保护工人、农民、小资产阶级和民族资产阶级的经济利益及其私有财产……"③ 这样的表述肯定了民族资产阶级是人民的一部分。正是在这一精神指导下，新中国成立初期的税收政策中强调公营企业、合作事业单位与私营企业都要一律照章纳税。1950

---

① 《中华人民共和国财政史料·工商税收》第四辑，中国财政经济出版社 1987 年版，第 40 页。

② 《崔敬伯财政文丛》（下），中央编译出版社 2015 年版，第 1275—1276 页。

③ 《建党以来重要文献选编（1921—1949）》第二十六册，中央文献出版社 2011 年版，第 759 页。

年1月公布的《全国税政实施要则》第8条指出，公营企业，一律照章纳税；合作社同样应该向国家纳税，不得例外。同时颁布的《工商业税暂行条例》第1条规定，凡在本国境内以营利为目的之工商事业，不分经营性质，不分公私企业及合作事业，均依本条例之规定。[①] 虽然当时增加税收主要是面向城市工商业者想办法，但解释的理由是合理负担、城乡平衡，而不是阶级论，这与战争年代的解释与理念不同。

---

① 《中华人民共和国财政史料·工商税收》第四辑，中国财政经济出版社1987年版，第48、65页。

第三章　城市税务机构的建立与改造：以南昌市税务局为例（1949—1951年）

新中国各城市的政府部门与管理机构，是在解放战争中随着军事作战胜利一个一个逐步建立起来的。中国共产党领导的新民主主义革命，走的是从农村包围城市的道路，长期在农村进行革命工作的经历，使共产党人熟悉农村工作的组织形式与方式方法，而对城市管理工作，则是陌生的，没有经验。这样的历史与经验，是中国共产党在初进大城市开始管理、建设大城市时出现过一个短暂的较为混乱局面的重要原因。[①] 当然，除了这一经验上的原因外，还有理论上的原因。列宁在《国家与革命》一书中谈及革命与政权机构时说："革命就是无产阶级破坏'管理机构'和整个国家机构，用武装工人组成的新机构来代替它"；"革命不应当是新的阶级利用旧的国家机器来指挥、管理"。[②] 据学者研究，早在国共合作时期，中国共产党人就已熟知列宁此书的精髓了。毛泽东在1926年时便说，"列宁著有《国家与革命》一书，把国家说得很清楚……'国家是一个阶级拿了压迫另一个阶级的工具。我们的革命民众若将政权夺在手中时，对反革命者要用专制的手段，不客气地压

[①]　参见李国芳：《初进大城市——中共在石家庄建政与管理的尝试（1947—1949）》，社会科学文献出版社2008年版。

[②]　《列宁选集》第三卷，人民出版社2012年版，第215—216页。

迫反革命者，使他革命化……' "①。抗战胜利后，中国共产党的干部和军队在东北接收敌伪城市时，基本就是按这一革命理论指导进行。不过，经过一段时间接管城市的实践，共产党人很快发现砸碎旧机构容易，而要建立稳定正常的城市生产、生活秩序则困难；②同时认识到原有农村工作方法无法让城市正常运转起来，无法稳定城市新政权。通过探索与经验总结，在新中国成立前后，基本形成了一套较为成熟的接管城市模式，这一套模式不仅能平稳接收城市，而且有利于城市管理的有序进行。城市税收机构的建立，也正是在这一背景与模式下进行的。

第一节　城市税务机构的建立与运行

一、接收旧机构

解放战争进入1948年底，中国共产党在接管城市方面形成了较为成熟的一套模式，其中以陈云主政沈阳时探索总结出的"沈阳经验"最为代表。③1948年11月，陈云被任命为沈阳军事管制委员会主任，全权领导沈阳的接收与管理。陈云在主持召开的沈阳军管会第一次会议上，就对接收政府机构方面的方法和要注意的问题作出了明确的规定：接收原则是自上而下，按照系统，统一接收，一切财产、物资、人员、文件均原封不动，先接收，后分配，约法八章等原则。④后在《接收沈阳的经验》一文中，陈云简

---

① 《毛泽东年谱（一八九三——一九四九）（修订本）》上卷，中央文献出版社2013年版，第163—164页。

② 曹佐燕：《"胜利负担"：中共对旧政权公务人员处置政策的演变（1945—1952）》，《史林》2017年第2期。

③ 姜敏、蒋贤斌：《陈云主政沈阳时期城市治理的历史经验与现实启示》，《邵阳学院学报（社会科学版）》2018年第1期。

④ 《陈云年谱》上卷，中央文献出版社2000年版，第532—533页。

练地总结为"各按系统，自上而下，原封不动，先接后分"四条原则。"各按系统"，指"军管会除市委外，下辖经济、财政、后勤、铁道、政务等五个处，以及市政府、公安局、办公室、卫成司令部等单位，进行接收"。① 必须按照既定的系统来接受，"一切旧机构不要打乱，暂按原有系统接管"，"一切原封不动"，"绝对不准破坏"。②"自上而下"，指"入城后即布告通知原有机关主管人负责办理移交手续；如第一级负责人不在，即由第二或第三级办理。同时，从原有内线和下面群众中了解情况"。"原封不动"，指"旧职员均按原职上班，工厂企业等只派去军事代表，政权部门只撤换头子。……接收步骤，第一步是资产档案，第二步才能整理人员"。"先接后分"，指"各部门只有接收权，无占有权、支配权，资产档案一律不准搬走。各部门不对原来上级负责，只对军管会负责。权力集中在军管会，无条件服从，待全部接收完毕后，再统一分配工厂、房子等"。③ 陈云还提出："接收一个大城市，除方法对头外，需要有充分准备和各方面能称职的干部。……准备有专门接收大城市的班子，待工作告一段落，即可移交给固定的市委等机关。这样的接收班子，可以积累经验，其中骨干可以暂成专职，依次接收各大城市。"④ 陈云的这个城市接管原则得到了中央的认可，并向全国推广。后来，毛泽东又把它概括为"原封原样接收"的思想。1949 年初，平津解放后，中国共产党在接管大城市方面又积累了一些经验与做法，如"区别对待原有的政府机构和经济组织"、对旧人员实行"包下来政策"等。⑤

　　1949 年大中城市税收机构的接收，都是按上述原则有序进行。江西省省会城市南昌也是如此。1949 年 5 月 22 日，中国人民解放军第二野战军解放南昌。5 月 23 日，第二野战军组成工作委员会，负责南昌的临时接管工

---

① 《陈云文选》第一卷，人民出版社 1995 年版，第 374 页。
② 《李锐往事杂忆》，江苏人民出版社 1995 年版，第 80 页。
③ 《陈云文选》第一卷，人民出版社 1995 年版，第 375 页。
④ 《陈云文选》第一卷，人民出版社 1995 年版，第 379 页。
⑤ 薄一波：《若干重大决策与事件的回顾》，中共党史出版社 2008 年版，第 9—18 页。

作。工作委员会成立了警备、公安、政务、文教、财经、交通、秘书等7个部门，分别对设在南昌相应的国民党旧政权机构和下属企事业单位进行接收。这个由军队人员组成的接管工作委员会对于税收工作也较为重视，他们发布的第3号"通告"，就是"关于税收问题"。这份5月27日发布的通告说："税收为国家财政收入之一，为便于支援前线，早日肃清国民党反动派残余势力，彻底解放全中国，在人民民主政府新税种、税率未颁布前，除原税种中'反共捐''戡乱捐'等外，从本月二十七日，责令原税收机关，仍按旧有税种、税率继续征收，任何人不得偷漏，税款一律按人民币计算，望我全体人民一体遵照，切切此告。"①也就在这一天，税收机关在工作委员会的领导下开始正常办公。②6月4日，由陈正人、陈奇涵、邵式平等率领的南下干部抵达南昌，6日，成立南昌军事管制委员会，接替南昌临时接管工作的工作委员会。南昌军事管制委员会负责以南昌市为中心，包括江西其他已解放地区的接管工作。③南昌军事管制委员会的税务组全面接管了国民党政府在南昌的税务机构。解放前夕，南昌的税务机构共有三个税务机关和一个查验所：南昌区国税管理局，它是直接受国民党中央财政部税务署领导，掌管江西地区之直接税及货物税；南昌市国税稽征局，它是受南昌区国税管理局领导，掌管全市之直接税与货物税；南昌市税捐稽征处，它是市政府的机构，业务上受财政厅领导，负责全市地方税及营业税；南昌市"自卫"特捐查验所，则是直接受省财政厅领导，检查全市自卫特捐征收事宜。6月，军管会税务组全面接管了这些税务机构。④

① 《江西城市接管与社会改造》，中央文献出版社1995年版，第23—24页。
② 南昌市税务局：《南昌市税务局七月份工作总结（1949）》，1950年，南昌市档案馆藏档，档案号1124—1—1，第51页。
③ 《江西城市接管与社会改造》，中央文献出版社1995年版，第159—163页。
④ 南昌市税务局：《南昌市税务局七月份工作总结（1949）》，1950年，南昌市档案馆藏档，档案号1124—1—1，第50页。

二、建构新机构

1949 年 6 月 7 日，南昌市人民政府成立。7 月 5 日，中国人民解放军南昌市军事管制委员会决定，将南昌区国税管理局改建为江西省税务局；将南昌市国税稽征局、南昌市税捐稽征处、南昌市"自卫"特捐查验所三个机关合并，成立了南昌市人民政府税务局。① 一个城市，建立一个统一的税收机构当然是有利于税收工作的统一与运行的，但是，并不是所有的解放了的城市在接收后都建立了统一的税收新机构。例如，上海市政府在 1949 年 7 月分别成立了直接税局、货物税局和财政局，之所以沿袭了原有的城市组织机构，当然是考虑到上海财税的重要性、复杂性与特殊性。解放前，上海税收机构"三局一处共有十八室、二十七个科及遍及全市垢二十九处征税所，人员三千余人"，为了平稳过渡，就没有立即建立统一机构。直到 1950 年 3 月，上海市政府才把三个机构统一建立为上海市税务局。②

对于税务机构的建立与工作的运行，新政权极为重视。1949 年 7 月 10 日，江西省人民政府发出的《为建立各级税务机构立即进行征收工作的通令》指出，为了发展生产、繁荣经济、稳定金融和增加财政收入，决定在已解放地区立即建立税务机构，开展工作："在已解放的地区，各专署县政府，立即根据本府颁布的暂行编制表，抽调干部建立各级税务机构，首先应配备我革命干部，担任税局正副局长，代表人民政府进行征税，至于下级人员可按需要的量选用过去有经验比较正派而进步的旧职员充任之……在未解放的地区，各专署应统一配备所属各级主要税务干部，准备能够及时接收新解放区的税务工作。"对税收条例提出要求："在我新税务条例未颁发前，基本上暂依旧规章原税率征收，并须参考过去各个地区征税数目，给以具体征收任

---

① 《南昌市志（4）》，方志出版社 1997 年版，第 230 页。

② 石鸿熙：《接管上海亲历记》，上海市政协文史资料编辑部 1997 年版，第 257、265 页。

务，限期完成，一定要很好掌握，不得轻于减少或遗漏。"① 与通令同时公布《江西省专区县市各级税务局暂行编制表》，明确规定了省税务局、专区税务局、市税务局、县税务局（三种类别）、各级税务所人员（四种类别）的部门构成、岗位、定编人数。表 1 和表 2 分别是当时的南昌市税务局编制表和各级税务所暂行编制表。②

表 1　南昌市税务局编制表（1949 年 7 月）

科别	职别	员额	备考
	局长	1	
	副局长	1	
秘书处	秘书	1	
	科员	3	
	通讯员	1	
	公务员	2	
	炊事员	2	
第一科	科长	1	
一股	科员	5	
二股	科员	5	
第二科	科长	1	
三股	科员	5	
四股	科员	5	
第三科	科长	1	
	科员	3	
合计		37	

---

① 《为建立各级税务机构立即进行征收工作的通令》，《江西政报》1949 年第 1 期。

② 《江西省专区县市各级税务局暂行编制表》，《江西政报》1949 年第 1 期。

表2　南昌市各级税务所暂行编制表（1949 年 7 月）

职别	员额				备考
	特等	甲等	乙等	丙等	
主任	2	1	1	1	税务所的设立应视需要而设，不一定每一区都设税务所
干事	8	7	5	3	
炊事员	1	1	1	1	
合计	11	9	7	5	

　　1949 年 7 月，南昌市人民政府税务局严格按省政府精神建立起来，设正副局长各 1 名，下设秘书室、税政科、计检科、会票科（后增设人事科），各科室设科长 1 名，科员若干。局下设 4 个税务所、1 个检查站，4 个税务所均设在市内，均明确管辖范围："第一税务所，东棉花市；第二税务所，胜利路；第三税务所，沿江路（中山路口）；第四税务所，浙赣铁路南昌总站"；检查站，则设在"牛行"里。把税务所设市内、行市里，就是"为了控制漏税及爱民便商之原则"，"帮助市局检查及就近征收掌握屠宰税营业税"。①

　　1950 年 5 月，税务所改设第 1、2、3 支局，每个支局设 3 个股，3 个支局下设 27 个专管段和 2 个屠宰场。② 这次机构调整与专管段的设立，是遵循当时管辖江西省的中南区相关部门的指示精神而开展的。③1950 年，中南区财政部在综合其他城市（东北及平津）税收管理的经验之后，提出了"区段专责管理"的体制与办法，并出台了《中南区工商业区段专责管理实施办法》，详细指导所辖城市税收机构如何进行这项工作。该办法首先说明其宗旨是："为健全本区各地税务基层组织、严密稽征、并发挥群众力量共同征税，特制定本办法。"然后，对如何划分区段、指定专人专管、组建税务小

---

　　① 南昌市税务局：《南昌市税务局八月份工作总结（1949）》,1950 年，南昌市档案馆藏档，档案号 1124—1—1，第 73 页。

　　② 《南昌市志（4)》，方志出版社 1997 年版，第 230 页。

　　③ 参见范晓春：《中国大行政区：1949—1954 年》，东方出版中心 2011 年版，第 1—3、90—94 页。

组等进行说明："本区各城镇税务局机关，得按辖区内工商户分配情况，结合行政区划，以三百至五百户为标准划分区段"；"每区段应指派干部二人至四人专责管理"；"於区段内按行业组织税务小组，每组以五户至十五户为原则"；还列举了区段专管人员 8 项明确的职责：（1）调查了解该区段工商户之资本营业利润、动态，随时供给核税评税资料。（2）检查缉私催报催缴各项税收。（3）进转公文表报。（4）帮助各业户建账及建立备票制度。（5）宣传税法，解释有关税务疑问。（6）组织领导税务小组，定期召集小组汇报。（7）联系与团结群众，发挥工商业者与店员、工人之积极性。（8）配合有关部门协进税务工作。同时还强调区段专管人员"在任何其他区段稽查漏税，不以本区段为限"；"对所管业户应经常进行调查研究，将了解资料详细记载于稽征手册，并造具区段地领户册，以备参考"；"前项稽征手册及区地领户册应妥为保管，于调动工作时应列册移交"。① 南昌市税务局严格地按此规定办法改组完善机构，将南昌市城区划分为 27 个专管段，派出干部 30 人负责相关工作。为了适应区段专管制度，对市局内部机构进行了结构性创新与改革，在局下设 3 个支局。第 1 支局负责管理胜利路以西至抚河间的城区，第 2 支局负责管理中山路以南城区，第 3 支局负责管理中山路以北胜利路以东城区；同时，在市区外围就水陆来货要塞分设南站、北站、下沙窝等税务所及司马庙、进贤门检查站，在 2 个屠宰场设立专管。② 从当时南昌市税务局划分区段专管的地图看，南昌市整个城区已进行了全面的区段划分。

概括而言，1949 年 7 月南昌市人民政府税务局成立时，机构由市局、税务所二级构成，1950 年 10 月调整改变为市局、分局、区段专管三级结构。当时，全国大中城市中基本上都建立了这样三级税收组织结构，差异只是名

---

① 南昌市税务局：《中南区工商业区段专责管理实施办法》，1950 年 12 月，南昌市档案馆藏档，档案号 1124—1—10，第 39—40 页。

② 《南昌市志（4）》，方志出版社 1997 年版，第 230 页。

称上有所不同。例如，上海市人民政府税务局分为市局、区局、稽征组三级，到1950年，上海市连续设立了30个区分局和173个稽征组。[①] 由此可见，为了增加城市税收，城市税务机构调整变革的方向，是要建设一个能够掌控到户的税收组织机构。

三、协税组织的建立

在城市税收工作中，了解与掌握工商业者的经营真实情况是税收工作的最重要的基础。但是，当时由于工商业账簿极不规范，还存在严重的假账现象，税收部门为了了解工商业经营的真实情况，便在城市工商税收中推行民主评议的征税方法，新中国成立初期城市工商业税收中的协税组织就是基于此而建立起来的。当时城市协税组织主要有：民主评议委员会及复议会、协税护税组织。

（一）民主评议委员会

1949年7月初，南昌市税务局成立后，便在征收营业税时开始建立民主评议机构。当时全市工商业的民主评议会由各行业所推选的公正人士为委员组成，并选出正副主任3人。各行业推选的"公正人士"，要求各行业在规定的时间里举行全体会员大会，经选举产生。全市的民主评议会开会之时，税务局列席掌握。[②] 市局的民主评议会讨论各行业承担税收任务；然后，各行业也成立民主评议分会，把本行业的任务经民主讨论分到各工商业户。[③]

---

① 上海市税务局：《上海市税务局关于二年来上海税务工作的情况》，1951年10月，上海市档案馆藏档，档案号：B97—1—146—7。
② 南昌市税务局：《南昌市税务局八月份工作总结（1949）》，1950年，南昌市档案馆藏档，档案号：1124—1—1，第74页。
③ 南昌市税务局：《关于执行法令办法总结（1950年9月）》，1950年，南昌市档案馆藏档，档案号：1124—1—1，第110—112页。

第三章　城市税务机构的建立与改造：以南昌市税务局为例（1949—1951 年）

　　新中国成立前后，全国各大中城市大都建立了类似这样的民主评议委员会组织，虽然名称不一样，如有的叫纳税委员会，但机构的性质、任务与内容是相同。1950 年底，为了改善民主评议的征税方法，在民主协商办好税收的指导思想下，中央人民政府政务院发布了《工商业税民主评议委员会组织通则》和《税务复议委员会组织通则》，指导与规范全国民主评议委员会的建立与运作。这两个通则分别对两个机构的设置、任务以及组织领导等进行了明确的规定与说明。例如，对民主评议委员会的组织，指出可分为"市（县）联合民主评议委员会""分业民主评议委员会"及"民主评议小组"三级，三级分别为隶属关系。对于税务复议委员会，则确定为"受当地人民政府领导"；"复委会之委员除当地财政经济委员会、税务机关、工商管理机关、地政管理机关、工商业联合会、工会之代表为当然委员外，并由当地人民政府聘请公正人士或有关专家若干充任之"；"复委会接到纳税义务人申请复议书后，应迅速作成复议决议书……如仍有不服，向上级税务机关提起申诉"。①

　　政务院上述两个通则发布后，南昌市税务局立刻就按通则要求开展工作。为了稳妥推进，南昌市还制定了《南昌市工商业税联合民主评议委员会筹设计划》，确定南昌市工商业税联合民主评议委员会筹设由市政府主持召开，"税务局派代表三人，工商局派代表一人，工商联派代表三至五人，各行业各推选代表一人，工商界公正代表三人，市总工会代表一人出席筹备会议"②。此前，民主评议会成立与运作均是在南昌市人民政府税务局主持领导下进行，现在按此规定，则表明评议委员会转为市政府领导主持了。这一组织与关系隶属的转变，说明当时政府极为重视此项工作。筹备会制定并通过了《南昌市工商业税联合民主评议委员会办事细则（草案）》《南昌市工商业

　　① 《中华人民共和国工商税收史长编》第一部，中国财政经济出版社 1988 年版，第148—151 页。
　　② 南昌市税务局：《南昌市工商业税联合民主评议委员会筹设计划》，1950 年，南昌市档案馆藏档，档案号：1124—1—6，第 140 页。

税联合民主评议委员会以下各级评议组织的组织要点》，较为详细规定了三级评议组织的人员组成、权限与运作。从内容上看，是严格按照中央人民政府政务院的通则，结合本市工商业规范人数等实情来制定的。[1]

按政务院《税务复议委员会组织通则》的精神，南昌市同时成立了工商税复议委员会，它是由"工商联代表十五人、工商局二人、市总工会一人、财政局一人、公营企业代表一人、民主人士二人及本局三人组成"；"设主任委员一人、副主任委员二人，设宣动、调研及机动查账等工作组"，它的任务包括宣达政令、搜集资料；负责调解税务纠纷、复议各业税额、领导各业评议分会之查评工作；"圈定"各行业选出的评议委员。[2] 从权力划分与权限来看，复议会成了城市工商税收民主评议系统的中枢组织。

（二）协税护税组织

在城市解放初期，各城市税务部门就十分重视发动群众协税，建立了各种形式的协税护税组织。天津市建立了举报组织，形成了"举报网"，取得了较好成绩。[3] 护税协税组织在不同的城市叫法不一，或叫店员工会协助税务委员会，或叫护税协税组织。建立在区段专管之下的协助税收的组织叫协税小组或税务小组。南昌的护税协税组织在 1950 年逐步建立，主要是按 1950 年中南区财政部公布的《中南区工商业区段专责管理实施办法》进行。这一办法对护税协税组织有较为详细的规范与指导。办法有 11 条，其中 4 条专门讲税务小组的建立与行作。例如，第四条就指出了税务小组的建立：

---

[1] 南昌市税务局：《南昌市工商业税联合民主评议委员会办事细则（草案）》《南昌市工商业税联合民主评议委员会以下各级评议组织的组织要点》，1950 年，南昌市档案馆藏档，档案号：1124—1—6，第 141—143 页。

[2] 南昌市税务局：《南昌市税局 1950 年工作总结》，1950 年，南昌市档案馆藏档，档案号 1124—1—1，第 6—7 页。

[3] 《中华人民共和国工商税收史长编》第一部，中国财政经济出版社 1998 年版，第 177 页。

"各地於區段組織健全後，得視工作需要，於區段內按行業組織稅務小組，每組以五戶至十五戶為原則。但行業複雜戶數零星、不便按業編組者，得按性質相近之行業混合編組，或按門牌順序編組。稅務小組除攤販外，公營企業合作社均應參加"；第五條、第九條明确小组长的产生与职责："五、稅務小組組長由組內各戶民主選舉公正無私進步積極負責之經理、店員或工人充任，任期由大多數意見決定之"；"九、稅務小組組長主要職責如下：1. 收轉各業戶營業額及所額申報表。2. 領導進行小組各戶營業額及所得額查評工作。3. 報各組內各業戶動態情況。4. 協助催報緝私工作。5. 對本組業務提出表揚、懲罰或增減稅目的正確意見。6. 反映業戶意見。7. 傳達指示解釋稽征手續。8. 幫助業戶改進業務經營"。① 从以上内容看，税务小组主要是协助税收部门进行与税收相关工作。为了防止护税协税工作中出现乱象，更好地开展相关工作，在 1952 年 11 月的第四届全国税务会议上确定了三条原则：第一，护税与生产相结合；第二，只护税不代替税务机关做具体的征收工作；第三，护税工作必须在工会的领导下进行，并强调税务机关要与职工店员建立经常联系，在业务上也要进行指导。

抗美援朝运动中，有的城市还出现了纳税互助小组。这类组织是按税务分区专责制建立的集体纳税小组，主要是通过宣传教育活动、组织储存税款，照顾困难户的方式运行，以达到集体纳税、提前缴税、消灭欠税目的。②

第二节　改造旧职员、培育新员工

人类社会中一切活动，人永远是关键的要素。机构如何完善，方法如何得当，如果执行的人不认真履行，一切都会失效。新中国成立初期，南昌市

---

① 南昌市税务局：《中南区工商业区段专责管理实施办法》，1950 年 12 月，南昌市档案馆藏档，档案号 1124—1—10，第 39—40 页。

② 《当代中国的工商税收》，当代中国出版社 2009 年版，第 45—46 页。

人民政府税务局在建构新的税务机构同时，管理、教育、改造与淘汰税务机构中不同群体的成员也同步展开。1949 年南昌市人民政府成立时，税务局的人员主要由三部分人群构成：来自革命队伍中的人员（老干部）、原国民党税务机关中的职员（留用职员或留用人员，也称旧职员）、新政府建立后从各解放区学校招收进入机构的成员（新干部）。1950 年 10 月，由于人员缺乏，税务局经市政府同意，向南昌本地招收了 20 余名新成员（当地吸收人员）。①1949—1952 年，南昌市税务系统基本上是由以上人员构成。对于不同类型的人员，相关部门进行了不同的管理与教育。由于新中国成立初期城市税收取得的成绩远远好于国民党时期，同时又由于新政权税收机构中仍然有大量的旧职人员，因而，学术界对旧职人员的改造问题较为关注，本节也将重点以旧职人员的改造为中心进行展开。

一、对旧职员的留用、改造与淘汰

1945 年抗日战争胜利后，中国共产党开始入主大中城市，处理旧机构中人员便成了一个问题。如前文所述，中国共产党的干部熟悉马列主义关于"砸碎旧的国家机器"的理念与观点，所以，进城初期，在砸碎旧机构的同时，遣散旧职员便成为合理的流程。实践下来，这样的结果使城市陷入极为混乱的困境：生产停止、经济损失、城市失秩。1947 年 11 月解放石家庄后，经过一段时间的城市执政实践，认识到砸碎旧机构、遣散旧职员的政策与方法不利于城市的接管工作和城市经济的恢复。执政石家庄的党政机关便向上

---

① 老干部、旧职人员（旧职员、留用职员、留用人员、老职员）、新干部、当地吸收人员这些称谓均为档案中的表述，"旧职人员"概念很清楚，而所谓"老干部、新干部"，则有点变化，"老与新"与年纪无关，与参加革命队伍工作时间相关。相关档案表述和界定："老干部是八一五以前参加的，新干部是各解放区来的，学生是新参加工作的学生（八一革大、干训班、中原大学等）。"参见南昌市税务局：《各类统计表》，1950 年，南昌市档案馆藏档，档案号 1124—1—43，第 27 页。为了行文和论述，本书使用这些称谓，指代相同的是"老干部"与"旧职人员"，"新干部"则包含了档案中所说的"学生"类。

级提出建议："今后解放城市，不仅接收物资，还要接收旧职员，否则，恢复城市、安定社会秩序以及恢复生产建设城市要走弯路。"①1948 年底，陈云负责接管沈阳，他在总结经验时提出"原封不动"的观点："旧职员均按原职上班，工厂企业等只派去军事代表，政权部门只撤换头子。"②1948 年 12 月，在平津战役前夕，解放军发布公告"约法八章"，其中第五条的内容为："除首要的战争罪犯及罪大恶极的反革命分子外，原属国民党省、市、县各级政府机关的官员，警察人员，区镇乡保甲人员，凡不持枪抵抗、不阴谋破坏者，本军一律不加俘虏或逮捕。并责成上述人员各安职守，服从本军及民主政府的命令，负责保护各机关资财、档案等，听候接收处理。这些人员中，凡有一技之长，而无反动行为或严重劣迹者，民主政府准予分别录用。如有乘机破坏，偷盗舞弊，携带公款、公物、档案潜逃，或拒不交代者，定予依法惩办。"③ 至此，对旧职人员采取"包下来"的政策大致确定。

1949 年 5 月，中国人民解放军第二野战军第四兵团进驻南昌市后的第二天就发出第一号通告，宣布"愿与全市人民共同遵守人民解放军布告之约法八章"④，成立的工作委员会负责南昌的临时接管工作。南昌是国民党有计划撤退的城市，国民党江西省及南昌市政府的中上层官员大多向南逃离了，部分下级官员、一般职员和工友都留了下来，等待解放，争取新的出路。临时接管工作开始以后，这些旧政权时代的职员纷纷找到四兵团政治部和临时工作委员会，要求接收。临时工作委员会对这些旧职员，按政策规定进行了接收。据统计，当时接收了属于南昌市的单位有 386 个。1949 年 6 月 7 日，南昌市人民政府成立，全面接管了原国民党南昌市政府及所属机构、区机关

---

① 李国芳：《初进大城市——中共在石家庄建政与管理的尝试（1947—1949）》，社会科学文献出版社 2008 年版，第 201—212 页。

② 《陈云文选》第一卷，人民出版社 1995 年版，第 375 页。

③ 《建党以来重要文献选编（1921—1949）》第二十五册，中央文献出版社 2011 年版，第 744 页。

④ 《江西城市接管与社会改造》，中央文献出版社 1995 年版，第 23 页。

行政机构和人员，接管了市政府及其所属机构人员 155 人、区机关人员 144 人、工友 38 人。① 对于南昌市税务机构，市军事管制委员会全面接管了国民党遗留下来的南昌国税稽征局、南昌市税捐稽征处和"自卫"特捐查验所以及 3 单位的旧职人员 149 人、工友 47 人。1949 年 7 月 5 日，这三个机构合并成立了南昌市人民政府税务局，时有人员 151 人，其中留用的旧职人员 77 人、工友 22 人。②

市税务局接收时有旧职人员 149 人、工友 47 人，而成立时，留用的旧职人员只有 77 人。显然，国民党政府留下来被接收的旧职人员并没有被市税务局全部录用。那么，什么样的旧职人员会被新政府录用？那些被接收而未被留用的旧职人员又是如何安置的呢？ 1949 年 1 月，中共天津市委专门对接收的旧职人员处理问题作出决定，提出对于政府行政公安等行政机关人员要从严处理："对于市政府公安局等行政机关中的人员，凡压迫人民的反动分子，如警察局中局长室、秘书室的人员、专员等和官僚老朽分子，靠面子吃饭的人，一律遣散"，"刑事警原则根本解散"。对知识、技术型人员则一般均予以留用或教育受训："对于学校、企业、技术部门及公益公用等部门暂不动"，"一般做技术工作之中、下职员或有专门知识经验之人员除特务分子外，均可留用改造"，甚至对个别"特务分子"，如果"其专门科学经验为我们所需，亦可把问题弄清，戴罪立功，监视其工作"。③ 从某种意义上讲，处理旧职人员，"为我们所需"的知识技术超越了政治成为最为重要的考量。这份决定还是指导性的文件，天津市财政局在相关总结报告中则有较详细说明。报告中说，"本局对于旧人员处理分为两步"，第一步为审查，第二步为处理。"在进行审查时我们采取三种方法：一是接收小组同志在其接

---

① 《江西城市接管与社会改造》，中央文献出版社 1995 年版，第 160、165 页。

② 南昌市税务局：《南昌市税务局七月份工作总结（1949）》，1950 年，南昌市档案馆藏档，档案号 1124—1—1，第 50 页；《南昌市志（4）》，方志出版社 1997 年版，第 230 页。

③ 天津市档案馆编：《天津解放》，中国档案出版社 2009 年版，第 310 页。

收单位内，对旧人员个别谈话，了解其情况，并在交代中观察每个旧人员的具体表现如何？吸取群众对每个旧人员的反映。一是根据所发现的旧人员过去填的全部登记表及解放后向我们所填的登记表，研究每个旧人员的情况。一是收集并研究我们地工对于旧人员所提的书面或口头等材料。"也就是说，通过谈话、填表、群众调查获得一手资料，然后，对比档案资料、地下党组织人员提供的材料，得出对每个旧职人员的基本评价与定位。审查的重点是"注意了解准备留用对象"，强调"对于每个旧人员的了解，必须根据多方面的材料"，对比、分析后再来确定。审查后，把旧职人员分为留用、介绍职业及教育、斥退、辞退四类进行安置处理。留用："旧人员具有以下四个条件者，针对我们工作的需要予以留用。（1）精通业务，无政治背景，群众反映尚好，并且愿为人民服务，接受领导，服从法令者。（2）在解放时曾做过保护档案、资材工作，并在交代中积极忠实者。（3）出身清白之青年。（4）系地下关系者。"介绍职业及教育："有些旧人员无政治背景，或无大恶迹者，或具有专门学术，尚有前途而易于改造者，因为本局工作现不需要，经过征求其同意、介绍其赴冀中工作及考察、受训各有一部分。"斥退："在伪机关负主要责任的一般旧人员（科长以上）及政治上反动性较大者，均予以斥退。"辞退："有些老朽无为的旧员工，均予以辞退。"[1] 南昌市税务局大致也是按上述步骤与方法进行。税务局相关工作总结报告说，接收的"旧职员一四九名，工友四七名。这些员工经四兵国税务组及我们一个半月之了解研究，大体上根据军管会指示予以处理了"，处理的结果就是留用了 77 名旧职人员、22 名工友。[2] 其他 72 名旧职人员的去处，在档案资料中没有查到，

---

① 　天津市档案馆编：《天津解放》，中国档案出版社 2009 年版，第 217 页。

② 　这 77 名旧职人员，无法确定是不是原税务机构的旧职人员，或许也包括了从其他渠道转入税务局的旧职人员，资料显示，税务局接收的从江西八一学校培训出来的学生中，不少就是原国民党机构中的职员。参见南昌市税务局：《一九五〇年人事工作总结》，1950 年，南昌市档案馆藏档，档案号 1124—1—10。因为旧职人员的来源不影响本书的讨论，所以就不对他们的来源作进一步分析与讨论。

估计或送训练班，或遣散了；未留用的 25 名工友，档案资料里有较清楚记录：遣散了 22 名，因为他们是"伪国民党军队之退伍战士"，另 3 人因政治面目不清、经济贪污嫌疑暂未处理。①

1949 年 7 月南昌市税务局成立时，留用职员 77 人、工友 22 人。不过，1 个月后，就有 26 名留用职员和 3 名工友提出离岗返乡或转业申请。是什么原因促使他们离岗的呢？当时的相关报告认为原因主要是薪水太低，难以维持家庭生活。"由于职员薪俸过低难于维持家庭生活，故他们在工作情绪上很受影响，致在八月中内，有不少职员家庭生活是处于相当困苦，薪俸尚未发下，在这样情况下，有不少职员提出了回老家生产及在南昌市转业。到今天止，先共遣散了职员计二十六人，工友计三人。"对于这些人的去处，报告也有统计分析：外省人离开南昌"回老家的，大部是家里有些地……这次政府能发给路费。认为是一个机会，再是留南昌市转业的，据几天了解，大部是在做小买卖"。② 这些都是自己主动提出申请，市税务局同意遣散的人员。虽然按中央政策，南昌市税务局留用了这些旧职人员，但基于阶级政治、意识形态和财政状况，只要他们提出离开岗位，则一律同意。正如有学者研究指出，"包下来"政策在执行过程中很难执行，一方面与组织政治、意识形态有关，另一方面也与执行政策的老干部们的文化知识、生活习性与利益等都相关。③ 对于没走的，报告也作了分析：一是外省人外地人，因老家没有田地，也就没有老家可回了；二是本乡人，因没有本钱做小买卖；三是担心出去后找不到工作。所以，他们"还是等待观望下，总然最少的是一百斤米，但比出去后毫无门路，一钱不争的要好。故一般都盼望日后能改

① 南昌市税务局：《南昌市税务局七月份工作总结（1949）》，1950 年，南昌市档案馆藏档，档案号 1124—1—1，第 50 页。

② 南昌市税务局：《南昌市税务局八月份工作总结（1949）》，1950 年，南昌市档案馆藏档，档案号 1124—1—1，第 79—80 页。

③ 曹佐燕：《"胜利负担"：中共对旧政权公务人员处置政策的演变（1945—1952）》，《史林》2017 年第 2 期。

善提高薪俸标准"①。城市新政府在建立之时，为了实行"包下来"政策，提出"一个人的饭三个人吃"，制定的薪俸标准肯定高不了，这是当时环境决定的，并非故意针对旧职人员，却成为淘汰旧职员的一个客观的经济手段。

对于留下来的旧职人员，新政府不仅对他们的历史、政治问题不放心，同时对他们在新时期是否能转变思想、观念与作风也十分担心。相关报告指出，留用人员"业务熟练是他们的长处，但由于沾染旧社会习气较浓，因此旧作风、旧思想一时不易转变，旧社会给他们的工作威胁太深，对人民政府政策不了解，充满懒、疑、推"，这些留用职员"在旧社会，他们绝大部分是以工薪水平作为全家生活费用来源，受尽了伪金圆券贬值的痛苦。平日无所积蓄，担心人民政府一旦不用他，妻儿老小将会遭到冻饥之困。因此产生两种消极对抗"，"一种是有机会就贪污，'捞到一个算一个'，做他们改善日后生活或者作为离职后的退步。……另外一种是兢兢业业，墨守成规一心使自己的工作做得圆满……他们仍像旧国民党反动统治时代一样小心翼翼有着'有奶便是娘'糊涂思想。这一部分同志，他们不会贪污，并不是真正了解到贪污是违反人民利益的事，而仅仅知道贪污会失去自己的工作，但他们经不住外在恶劣环境的引诱，有时会做出促成贪污受贿的事情来，即或是发现有人贪污也默不作声，不敢向组织反映，'明哲保身'就是他们对人生的看法"。② 这些评判代表了当时新政权组织对留用职员的基本分析与评价。

虽然这些旧职人员存在这样那样的问题，但是，中共中央相关政策要求要留用这些旧职人员；同时，由于这些旧职人员业务能力较强，税收工作是一个需要业务能力的技术工作，税收任务重，税收任务的完成又需要他们。基于此，南昌市税务局在稳定和改造这批留用的旧职人员，把他们培养成为

---

① 南昌市税务局：《南昌市税务局八月份工作总结（1949）》，1950 年，南昌市档案馆藏档，档案号 1124—1—1，第 80—81 页。

② 南昌市税务局：《一九五〇年人事工作总结》，1950 年，南昌市档案馆藏档，档案号 1124—1—10，第 3—6 页。

新政权的税务工作人员方面颇费了心思与努力。稳定留用的旧职人员的工作，南昌市税务局主要是从下面几个方面来进行。一是讲清相关政策、稳定留用职员的情绪。相关部门认识到"由于近来遣散了不少职员回家及转业，虽然都是职员自己提出的，但多少也给了他们以影响"；部门单位招进了一批大学生，这对他们也产生了心理影响："最近来了一批华北大学学生，他们也知道，并说：有了这些学生，将来工作是否不要我们？"如此猜疑的人不少，猜疑也合逻辑，这当然会影响留用人员的工作情绪。基于此，市税务局决定"通过学习，将我们对遣散职员的方法及对留用职员的态度解析明白，并指出他们的努力方向等，来打消他们中间已存在的疑虑，以便稳定大家的情绪很好地工作"①。二是适当提高薪俸标准，帮助旧职人员解决经济困难，使他们安心工作。相关报告就说："按现有的薪俸标准，我们也觉得是比较低，我局职员共有七八十人，绝大部分都有家庭负担，仅最近察看，凡要求提出回家及转业者，大部是为薪俸低，不能维持家庭生活者，即使留下来的因目前一下找不到转业出路，故暂且留下。事实上有很多家庭生活尚存困难。故我们意见除加强学习稳定思想情绪外，还必须配合解决他们的实际问题才好。"②对于税务系统的报告，江西省政府也迅速作出了反应，并作出了《关于税务系统单行薪资暂行办法的决定》，提出"为适当照顾税局职工生活"，把税局职工薪资分为四等："甲等：二二〇斤到三〇〇斤，其范围为负有一部门责任主管科员或负有较繁重责任者之科员属之。乙等：二二〇斤到二八〇斤，其范围为负有一定专责之一般科员均属之。丙等：二〇〇斤到二五〇斤，一般办事员助理员均属之。丁等：一五〇到二〇〇斤，一般练习生工友等均属之。……本办法自九月起开始实施"。③江西省政府专门针对

---

① 南昌市税务局：《南昌市税务局八月份工作总结（1949）》，1950年，南昌市档案馆藏档，档案号1124—1—1，第81页。

② 南昌市税务局：《南昌市税务局八月份工作总结（1949）》，1950年，南昌市档案馆藏档，档案号1124—1—1，第83—84页。

③ 《关于税务系统单行薪资暂行办法的决定》，《江西政报》1949年第2期。

税务系统涨薪，而且从 7 月的 100 斤提高到 150 至 300 斤，涨幅力度不可谓不大，这一措施多少应该起到了一定的稳定作用，从相关资料看，10 月份后主动提出离职的人几乎就没有了。①但是，旧职人员还是觉得薪俸低了，理由有二：一是与国民党时期相比，"计算起来还不如国民党在时拿得多"；二是对比银行铁路，旧职人员"看到银行铁路等国营企业的薪俸相当高，普遍的说我们的工作比他们工作并不少，统一是人民政府的领导，过去他们拿薪俸就比我们高，为什么解放了他们仍然还是高"。因而，到 1949 年 12 月，还有旧职人员说："共产党好是好，但是我们的生活无法维持了，虽然过去稍有积蓄，解放以来都垫补完了。"②

比稳定工作更为重要的是改造工作，这一点当然是新政权的政治属性所决定。对旧职人员的改造，新政府主要是从以下几个方面入手进行。

第一，实际工作上，通过奖惩制度进行改造。一方面，对于工作认真负责、业务能力强、表现较好的人员进行奖励提拔。1950 年 5 月，南昌市税务局发文，提拔常纲等 9 名留用人员为股长或副股长职位。③常纲，男性，1937 年北平大学毕业，税务局在向上级的报告里写明"提拔意见栏"中是这样写的：常纲"工作肯干，能力强，有创造性，能够向组织上建议改进工作"，组织也了解到他曾在国民党政府税务机关里任稽征局局长，也是三青团和国民党党员，"但经过两年来的教育改造，思想认识方面初步树立了'永远跟着共产党走'的信念。我局意见提为股长（市局计检科检查股）"。④常纲这样历史背景较为复杂的旧职人员，只要表现好，就提拔，这样的示范应

---

① 南昌市税务局：《各种统计表》，1950 年，南昌市档案馆藏档，档案号 1124—1—43，第 25、34、35 页。

② 南昌市税务局：《十二月份干部情况》，1950 年，南昌市档案馆藏档，档案号 1124—1—13，第 180 页。

③ 南昌市税务局：《有关提拔干部问题》，1951 年，南昌市档案馆藏档，档案号 1124—2—3，第 73—74 页。

④ 南昌市税务局：《提拔干部申请书》，1951 年，南昌市档案馆藏档，档案号 1124—2—3，第 71 页。

该是有一定的效应。另一方面，对贪污违纪分子实行严惩。1949 年 12 月，新机构建立不到半年，就对局内贪污严重的留用职员柯某、陈某实行逮捕，这一果断措施，在留用人员中起到了强大的警示作用。① 对留用人员更有警示、震慑作用的事件是新政府对刘锡骥的处罚。刘锡骥为南昌市税务局留用的旧职人员，接收后被安排在第二支局负责间接税部分工作。他在 1950 年 8 月开展的整风运动中，被揭露出有贪污行为，经调查，承认贪污 170 万元（旧人民币，下同）。同时被揭露出贪污的还有一个叫何求的留用旧职人员，他承认贪污了 200 万元。9 月 25 日，市税务局提出将他们俩移送法院审查。市税务局的相关报告中说，他们"一年来在工作中利用职权，接连发生违法失职贪污行为"，经教育仍不肯改，通过大会讨论认定他们的问题有："对上级欺骗隐瞒"，"对群众利用职权进行贪污敲诈，或者威胁禁止商人揭发，拉拢落后商人，捣乱税收政策，致形成本局与群众关系脱节现象，为了巩固革命秩序，扭转社会一般视听"，决定移送法院。在填写贪污发生原因时，说他们是"旧社会习气太深，经不起物质引诱，以至贪污受贿"。② 然而，经过侦查审判，发现了刘锡骥更为严重的罪行，并判定这不是一个个人贪污案件，而是涉及人员达数十人的集体贪污案件。江西省人民政府把这一案件定为"刘锡骥等六十人集体大贪污案"，相关案情通告上说：刘锡骥等"趁解放初期人民政府对情况不熟悉，工商业者对人民政府政策、法令不了解时，以其一贯贪污手法将查到违章事件暗索贿赂，不罚或轻罚，并勾结离职人员里应外合，包庇逃税漏税；私收'查验费'或'手续费'；故意刁难迫使商人行贿；接受商人'津贴'等等不一而足的惊人集体贪污方式，有个人贪污达五万斤米之巨者，次数最多至百次以上者，总计全案贪污款项，按当时市价

---

① 南昌市税务局：《十二月份干部情况》，1950 年，南昌市档案馆藏档，档案号 1124—1—13，第 178—179 页。

② 南昌市税务局：《送贪污分子何求、刘锡骥于法院判处》，南昌市档案馆藏档，档案号 1124—1—48，第 37—38 页；南昌市税务局：《南昌市人民政府税务局发生事故记录表（1950 年 1 至 9 月）》，1950 年，南昌市档案馆藏档，档案号 1124—1—43，第 17 页。

折合九二点三十九万余斤。因而使国家遭受的税收损失，不知有若干倍，败坏政风，更不堪设想。此案行贿行业共三十个，占南昌市现有行业九十个的三分之一，行贿商户计二八二家，另行商及住户七十五人"。更为严重的是，事发后，刘锡骥等还在"同犯朱瑞回家秘密集会，阴谋寻找各种借口破坏整风，并有组织地威胁其他贪污人员坦白"。基于这些事实，除政府部门对"一部分犯案轻微坦白悔过者分别给以行政惩戒外"，南昌市人民法院判处主犯刘锡骥死刑，另35名犯罪分子分别处以不同刑罚。刘锡骥等不服，上诉省人民法院。江西省人民法院不仅维持了对刘锡骥死刑的原判，还对部分集团成员作了加重刑期的改判，其中对另一重要成员文辉改判为死刑。在讲述刘锡骥等的犯罪原因时，政府部门不再说是刘锡骥等"经不起物质引诱"的外在原因，而直指是他们自身的原因："这些人员深染伪税务机关贪赃枉法的传统恶习，虽经人民政府的教育改造，毫无忏悔之心。"① 如此广度与严厉的打击力度，其震慑作用不言而喻。

第二，思想观念上，有针对性地进行思想教育。重视思想教育工作，是中国共产党宣传组织工作的传统。早在接管南昌城市阶段，教育培训工作就全面展开了，"在旧职员办理完各个保管的文卷什物和各人分管的事情分别移交之后，军管会和人民政府按政治、文化、经济等系统，举办了旧职员训练班，将旧职员集中起来进行学习。组织他们学习中国共产党发布的文件，帮助他们认识帝国主义、封建主义和官僚资本主义是压迫人民头上的三座大山、腐败的蒋家王朝背叛了孙中山先生的革命主张，造成国家贫穷落后。共产党领导的革命就是要搬掉三座大山，使人民过上幸福生活，国家昌盛"②。这是接管初期针对全市旧职人员的培训，内容较为宏观。此后的思想教育工作就是以各机关为单位进行，这就使各单位对于留用人员，能进行有针对性的教育。1949年8月，南昌市税务局的工作报告中就明确提出在9—12月

---

① 《关于南昌市税务局刘锡骥等六十人集体大贪污案通报》，《江西政报》1951年第12期。

② 《江西城市接管与社会改造》，中央文献出版社1995年版，第165页。

中要"抓紧教育旧职员及改造其过去之思想及工作作风，树立为人民服务的人生观"，并把这一任务列为这一阶段六大任务之一。南昌市税务局主要以科所股为单位组织学习班进行集体学习，为了保证学习时间，实行"每天由七点到八点半一个半钟学习制度"。税务工作人员必须每天早上七点赶到办公地点开始政治学习，至八点半才正式上班工作。这样的学习教育的效果如何不好估量，但使旧职员开始了解和掌握了不少新政权的政治名词，养成了"每天应该学习尤其是发言看报等习惯"，"对问题的认识多少是比七月份提高了"。对留用人员进行"为人民服务"的思想教育，就是要消除他们原有的"有奶便是娘"的糊涂思想，认识到工作不仅是为了谋生，更是为人民服务。① 当然，教育并不止于"为人民服务"的"职业"教育，思想改造教育工作一直没有间断过。自1949年下半年至1950年，按上级工作布置，南昌市税务局分别开展了反贪污、评奖评模、整风鉴定等工作。这些工作一个接一个，几乎成为日常工作的一部分。每项工作的进行，都要经过学习、讨论、评定、总结几个阶段，都要联系个人思想、观念与情感，还要聚焦在党的政治理论、政策与个人利益、情感发生冲突的具体事件上，如"剥削家庭出生的人，如何看待父母、亲人在新政权受到的惩罚"。思想教育还涉及对政府、对组织忠诚老实问题，旧职人员要坦白自己的历史，如整风期间发现"有些同志隐瞒了自己的历史甚至年龄"。② 这种联系个人亲情与阶级政治、个人历史与政治忠诚的教育，无疑对进入新政权的旧职人员的思想观念产生了重要影响。此外，还包括通过时事重大事件进行政治教育。1950年，相关部门组织职员"参加对美、日、蒋及反革命分子罪行控诉大会、公审大会，展开反对美帝单独对日媾和的投票，拥护五国缔结和平公约的签名运动，以

---

① 南昌市税务局：《南昌市税务局八月份工作总结》，1949年9月，南昌市档案馆藏档，档案号1124—1—1，第81—83页。

② 南昌市税务局：《南昌市税务局一九五〇年整风鉴定总结》，1950年，南昌市档案馆藏档，档案号1124—1—1，第85—93页。

及'五一'大示威游行等实际行动，初步肃清崇美、恐美、亲美的思想，建立了鄙美、仇美、蔑美的思想"，并要求每个人、各单位都"订立爱国主义公约"。①

第三，在日常生活上，严惩有不良生活作风的人和事。在市税务局第一支局工作的旧职人员徐子钦因与情妇幽会被捉，引发不良反响，市税务局报市政府就立即对他作出了开除公职的处理。相关报告说他"沾染不少旧社会恶劣习气，虽曾受革命教育，但旧社会的一些坏作风根深蒂固地存在，对新社会缺乏明确的认识"。虽然报告中也提到他"工作一贯表现消极"，对干部群众的意见持"闹对立"态度，但是开除他的理由是：徐子钦与情妇幽会被捉，写下悔过书，还被"缴走本局证章一枚"；事后，不悔改认错，还说"与情妇发生关系已经情妇丈夫同意"，证章被抢走、写下悔过书，是"寡不敌众"所致。对于这类无耻之人，在事后不到半个月，市局就通告把他开除。通告明示："为整肃风纪，教育干部队伍，纯洁革命阵营，不允许违法乱纪的坏分子混入本局，经呈准南昌市人民政府决以开除处分，以儆效尤。"②

要精确地评估教育、整风对留用人员改造中的作用有一定的困难，对改造的评价也难做出精准定位，何况改变一个成年人的观念与行为，当然极为困难。其困难不仅在于成年人的世界观、价值观基本定型，还在于思想教育需要教育者有较高的理论思想深度与说理能力，同时还要有极大的耐心与时间。这对新政权基层机构的领导者来说是不小的挑战，也很难做好。因而，在当时的相关人事总结报告上，很清楚地看到这一点："领导上对留用人员（包括中南来的）的争取改造做得不够，甚至个别人员缺乏信心，故在一年

---

① 南昌市税务局：《南昌市解放第一周年市税局工作简要报告》，1950 年，南昌市档案馆藏档，档案号 1124—2—5，第 59 页。

② 南昌市税务局：《关于开除徐子钦的通知》，南昌市档案馆藏档，档案号 1124—1—48，第 3—6 页。

来籍故开除送回(省或中南) 较多。"① 教育、改造不如开除来得简单、省事，但是，从当时税收工作的整体成效和留用人员的表现来看，教育与整风肯定取得了好的效果。

二、对老干部的任用与管理

来自革命队伍中的老干部人数在税务机构人员中属于少数，南昌市税务局成立时，老干部只有 10 人。他们的人数虽少，但都位居机构中的领导岗位，局长、副局长、支局长和科长等均为老干部。按理，居于领导岗位的老干部应该没有什么问题。其实不然，在新机构建立初期，较为突出的问题是"闹地位"。接收时，由于干部还没有正式公布职务，"普遍存在着不安心现象"，如一栾姓同志，吵着要去别的部门，后安排他为稽查排的排长，情绪就稳定了。安排了职务，也有不满的，如一姜姓老干部，革命队伍的经历有八九年了，安排为一个所的所长职务，但他却要求调动工作，理由是"能力没有，文化程度低，干不了"，而实际上"他的能力是有的"，其实也是在"闹地位"。除了因觉得职务低了闹情绪外，也有的确因为文化程度低、业务水平低而提出换岗位的现象，如一张姓老干部，工作几个月后提出"不愿意做税务工作"，理由是"文化程度低"，组织部门向他解释多次，并再三要求，作用不大，他对"工作只是敷衍"，没办法，税务部门只得把他转到市政府重新分配；另一个尤姓老干部也以"文化程度低，城市复杂……能力也弱"为由，表示不愿意在市局工作，要求到县局去，组织部门多次解释、挽留，但效果不大。② 由此看出，当时对老干部闹"地位"、职务问题，主要是做解释说服工作，做不通，就上交上级组织，重新分配工作。

---

① 南昌市税务局：《一九五〇年人事工作总结》，1950 年，南昌市档案馆藏档，档案号 1124—1—10，第 8 页。

② 南昌市税务局：《十二月份干部情况》，1950 年，南昌市档案馆藏档，档案号 1124—1—13，第 183—184 页。

按常识判断，老干部们在业务上应该有问题，毕竟中国共产党的干部队伍原来一直在农村，对于城市税收不了解，相对而言，城市税收又有较强的知识技术要求。但是，在相关资料中，并没有发现对这个问题的突出反映。相关报告只是说："由于一般旧人员熟悉业务，个别老干部对业务就采取放手，过分地信任而放松了检查以致形成旧人员的利用职权贪污受贿，自从发现贪污举报案件后，提高了警惕。"①从报告的表述看，指出老干部对业务工作的缺点只是"采取放手""放松了检查"，而不是业务能力问题。当然，业务能力也可能导致领导采取放手和放松检查的可能，但是，领导怕麻烦、懒政的"不愿"也可能是原因。既然报告没有把业务能力视为原因，也就可视为业务能力不是老干部工作中存在的主要问题。这可能主要归功于相关机构举办的各类短期业务培训班，这些培训班主要是对老干部的税务知识与理论进行培训，同时，从学历看，在税务机构工作的老干部，学历大多数较高一点，基本有高中或以上学历，有一定知识基础，对于税收知识与理论的学习也比较快。所以，老干部业务知识缺乏一直没有成为问题。更何况，由于他们都是某个部门单位的领导，不需要直接从事具体的业务工作，对业务知识的掌握只需要基本了解即可。整体而言，对于老干部，主管部门基本上是满意的："他们经过长期的革命锻炼，在艰苦的环境里走过来的，在和平顺利的环境里也经得起考验，在工作当中担起着一定的带头作用，他们对新干部与留用人员并无两样的看待，都是通过政治上的团结，亲密地打成一片。"②这样的评价非常高了。

以上的评价是南昌市税务局对本局老干部的鉴定与评价，要整体评价南昌市税务局的老干部，还得看看上级主管部门的意见。由于"刘锡骥等六十

---

① 南昌市税务局：《一九五〇年人事工作总结》，1950年，南昌市档案馆藏档，档案号1124—1—10，第9页。

② 南昌市税务局：《一九五〇年人事工作总结》，1950年，南昌市档案馆藏档，档案号1124—1—10，第9—10页

人集体大贪污案"的原因，江西省人民政府对南昌市税务局的评价就相当严厉了："从这个案件中，证明南昌市税务局领导上存在着严重的官僚主义作风，对于留用人员，平素缺乏警惕与思想检查，加强思想领导，进行改造教育，使之树立新的为人民服务的观点，他们这次集体重大的贪污，在时间上已达一年之久才发觉，可见在平常工作中，不但表现对工作不深入，而且证明了思想上严重的麻痹……"南昌市税务局的领导都是老干部，这当然也就是对局里老干部的鉴定，尤其是对负责领导责任局长的鉴定。"三反"运动开始后，南昌市税务局局长就被降职、调离岗位。[1] 这个案件还让省人民政府对南昌市税务局的工作制度与方法进行了批评："从这个案件中，证明南昌市税务局在工作制度与工作方法上存在着严重的形式主义流弊。税务机关本有严格的制度和手续，但南昌市税务局在执行制度上非仅不够严格，而且徒具形式。如果平常严密与群众联系，如果从上到下能够严格地遵守制度，层级责任分明，即使发生问题也能及时发现，不致发生这样严重的集体贪污案件，给了国家极大损失"，进而要求南昌市人民政府监察委员会"对南昌市税务局的领导加以严重的检查"。[2] 这样的表述，说明江西省人民政府对南昌市税务局的领导评价是不满意。

三、对新干部的教育与规训

税务部门中的新干部主要由两部分人组织，一部分是从中原大学、八一革大和华中税训班招收来的学生；另一部分是从本地招收进来的人员，主要是原来的店员，经由劳动局介绍而接收。[3]

---

[1] 南昌市税务局：《调走干部登记名册》，1952年，南昌市档案馆藏档，档案号1124—3—42，第39页。

[2] 江西省人民政府：《关于南昌市税务局刘锡骥等六十人集体大贪污案通报》，《江西政报》1951年第12期。

[3] 南昌市税务局：《一九五〇年人事工作总结》，1950年，南昌市档案馆藏档，档案号1124—1—10，第3页。

第三章　城市税务机构的建立与改造：以南昌市税务局为例（1949—1951 年）

南昌市税务局建立后，主要从中原大学、高级商业学校、八一革命大学三所学校招录了新成员。这些人均被称为新干部。中原大学是在华中老解放区办的大学，高级商业学校和八一革命大学均为江西省内学校，学员均为本地人。八一革命大学是 1949 年 6 月由江西省人民政府和中共江西省委组织成立，成立初期主要是办短期培训班，为新政权培训新干部。① 人事部门认为，这些新干部"大部分是未做过工作的学生，他们来自不同的干部学校，抱着无限的热情参加革命工作。思想较为纯正，也有足够的文化水平"。足够的文化水平，可以保证业务知识的学习与掌握，进而确保工作能力。这些是他们的优点。但是，"他们看不起旧人员，认为他们思想落后，对老干部又嫌他们文化水平低，有些骄傲自满"；"中原大学学生初来时，女同志觉得过不惯，要求回家；男同志不愿跑外勤，整天的闹情绪。华中税训班来的一批，也一样情绪不安定，闹薪俸、说怪话、闹恋爱问题，不满意领导"，"讲究极端民主、极端自由"，他们是"完全学生作风，对组织要求上体操、唱歌、跳秧歌……他们的要求不能成为现实时，他们就说机关散漫"；"有个别以为自己是从老解放区（华中）来的，个人英雄思想上背上了由老解放区来的干部的包袱"。② 新干部中思想与行为上的"骄傲自满""极端自由"等现象，是不符合新政权机关要求与标准的，当然要严格规训与处理：数名新干部分别因工作不仔细认真造成遗失印花税票 6 张、业务不熟悉而撕毁税票票根 7 张被市局处以严重警告处分；而几名新干部在生活中因同事小孩吃饭不讲卫生等琐事引发打架也被市局处以严重警告一次。③

在新干部群体中，还有一小部分是从本地招收的，这部分人以前没有在政府部门工作过，其中多数在进入税务局之前是店员身份，具备普通的商业

① 杜晨：《八一革命大学与新江西建设》，硕士学位论文，江西师范大学，2011 年。

② 南昌市税务局：《一九五〇年人事工作总结》，1950 年，南昌市档案馆藏档，档案号 1124—1—10，第 5 页。

③ 南昌市税务局：《关于徐复卿等同志所犯错误处理意见的报告》，1950 年，南昌市档案馆藏档，档案号 1124—1—10，第 50 页。

知识；从事基本的税务工作困难较少，但是理论水平较差，还"带有过去商人的圆通世故，个别学徒出身仍惟僅惟慎，不敢说话"，这样，在工作中担当与责任心就弱。这部分人中还有极少数是"小姐少奶品性的女同志"，这些人"有时间无地方去消磨，坐在家里无聊，感到做家庭妇女的悲哀，感到寄生生活前途的暗淡"，才参加了工作，"他们在旧社会安逸惯了，到了新社会……涂脂抹粉的也少不了"，"长年自由散漫生活的影响使他们不惯于革命阵营中的艰苦有纪律生活，因此，日常表现仍不免有些散漫，对工作也就缺乏热情"。① 对于这部分人员，组织人事部门有针对性地对他们进行批评教育，通过整风来改变这些人的精神思想与工作状态。

尽管局领导在台上严厉呵斥规训教育，但是，在相关总结报告中，人事部门对新干部仍在整体上持积极肯定态度：这批"新参加工作的干部是市税局体系中新的成分，他们有高度工作热情，也有着积极的学习心，初来时所表现的不正常都逐渐地被冲淡及至于完全扭转过来，在不断的工作锻练中，他们都有着很大的进步与成绩，在每一项运动当中，都起了推动作用"②。

1952年，南昌市税务局在检查之前的干部工作计划时提出："关于'今后提高老干部，培养新干部方针'中，在'培养新干部'的提法上，只提到培养、提拔，而对新干部的'审查'，就未能明确提出来，这说明我们思想上对人事工作本身的一项经常工作任务，在认识上不明确。因此，在第一条中对'培育、教育、提拔'新干部，必须再加一项'审查'新干部。"拟定科员、办事员级别标准要求："科员级——应根据政策法令对业务范围内之重要问题能拟具意见，对一般工作能单独处理，能够整理材料，编写报告，撰拟重要文稿者或一般区级干部，有相当年限的革命斗争锻炼和工作经

---

① 南昌市税务局：《一九五〇年人事工作总结》，1950年，南昌市档案馆藏档，档案号1124—1—10，第7—8页。

② 南昌市税务局：《一九五〇年人事工作总结》，1950年，南昌市档案馆藏档，档案号1124—1—10，第6页。

验，能执行政策，在工作中表现有成绩而提升者。办事员级——能了解有关业务之政策、法令，在上级指导下能处理一般工作，撰拟一般文稿或有一定文化程度，能胜任某项工作者或参加工作有相当年限，能担任一般业务工作者。"①强调针对新干部进行政治审查、业务水平考核与评价，说明税务部门对引进、提拔新干部趋向标准化与规范化。

---

① 南昌市税务局：《关于"五一年五月十二月干部工作计划"的修删补充说明》，1952年，南昌市档案馆藏档，档案号1124—3—6，第3页。

第四章　民主评议与自报实缴

新中国成立前后，新政权的税务机关在征收营业税、所得税等工商税收时，出现了不同的征收方法。北京、天津等大多数解放区城市实行的是"民主评议"方法；上海在解放时实行的是"自报实缴"方法。本章主要围绕这两种方法的实施与争论进行讨论，以呈现当时中国共产党人在税收理论与政策、阶级政治与公平正义、政权的巩固与发展等多方面的观念与努力，进而展现历史的复杂性。

第一节　两种方法的实施与争论

一、民主评议方法的形成

抗日战争胜利后，随着中国共产党执政城市，城市工商税收的工作提上日程。货物税、盐税等的征收，虽然也有税率等方面的商讨与修正，但在操作上相对简单明了，在征收方式方法上争议较少。而营业税、所得税（后合称为工商业税），涉及商家企业的营业额、所得额，在征收过程中存在一个难以明确的环节：如何准确确定商家企业的营业额与盈利？如果商家企业均有真实的财务账本，那么依据账本按率征收即可。而当时的实情是，小型企业商家无账本，稍具规模的企业商家的账本真实性又难以确信。这个问题在国民党政府时期当然也存在，他们在征收营业税与所得税时实施按营业额、盈利来征收的方法，后又推行"简化稽征"方法，但由于政权不统一等多种原因，以上两种征税方法实际上都在实施。①

从现有资料看，"民主评议"这一方法，最早是在华北根据地辖区内开始实施与推广的。解放战争时期，华北地区掌管城市新政权的中国共产党人开始了营业税和所得税的征收工作。从 1946 年 6 月公布晋察冀边区的营业税和所得税的公告看，张家口在 1945 年 12 月就开始了"营业税及所得税的调查评议工作"。这种城市工商税收对于中国共产党人而言是一个新的工作，因此公告用了较多文字阐述开征此税具有"破天荒的较为完善合理"和"革命性"的意义："在全国范围内，这样一个新的公平合理的工商业税制还是首次出现。虽然这一税制的达到完满理想程度还需要在实践中积累经验，以求改进，但这决不能否定它是今天中国工商业税制中的一个破天荒的较为完善合理的税制。从它对于工商发展的刺激作用以及合理照顾各行业阶层的负担能力，免除苛重的间接税收的转嫁弊端来说，这是中国工商税制的一个革命。因此它的实施，就不仅仅是在张家口或在晋察冀一地有其重大意义，而且对于所有解放区以及全国的和平民主建设，也将起着积极的示范作用。这一税制是根据统一累进税的基本精神及原则而制定的直接税制。它是向资产所有人、收入所得人直接征收，因此，它就免除了纳税人把负担转嫁给别人的弊病。"这里讲的"全国范围内"当然是指中国共产党所执政的根据地范围。从表述上看，把营业税与所得税都等同于直接税了；征收实行以营业额所得额依累进率征收，同时"根据行业的性质而规定了不同的税率"。行业性质好确定，工商业户营业额所得额的真实情况如何确定呢？新政权的税收工作者认识到："由于旧有税制存在着深重的弊端以及敌伪八年来的压榨统

---

① 国家税务总局：《中华民国工商税收史——税务管理卷》，中国财政经济出版社 1998 年版，第 257—273 页。

治，在各行业中留下了隐瞒谎报的传统，所以税收调查在开始受到很多的阻碍。有些商人仍用假账（外账）来向政府填报营业额、所得利润等，而'里账'是营业交易的真实记载，除了老板和会计外，别人很少知道"；同时，"城市行业复杂，分工细密，人与人之间的关系和农村大有不同，有所谓'隔行如隔山'之俗语。这种情况下，完全通过区街掌握，则调查评议是较难的。"这样，就提出"以区为单位进行调查，以行业为主进行评议"，这一方法，"在调查方法上，采用分等估计、发动商户填报、典型户调查三者联系的方法，较为周密审慎。首先根据各该行业具体情况划分等级，经过民主讨论确定每等标准户，以此为准绳，经过一定时期酝酿及审慎地估计，便确定各商户应列的等位，这样得出该行业商户纳税的初步根据，再进行营业额、利润率、消耗等填报。有了分等的第一步骤，再加以深入宣传解释，填报即易于接近真实。而典型的调查材料，则是辨别商家填报时真实与否的重要参考"。对于这一办法，公告还强调"在调查评议中，单独靠脱离生产的干部去做是十分不够的，应进一步依靠群众——工人、店员、公正商人、积极分子等，信任他们，在工作中具体帮助他们"；"发动商户间相互比较营业状况，吸收他们中间有贸易来往关系的商人参加，评议方式也可灵活运用。如采取上评下，下评上，先评实报户，后评假报户等等"①。这一方法，评议的是营业额所得额，最终是依率征税。经过实践，相关人员显然认识到这样的评议还是很难准确掌握商人的真实情况，"因为商人均怕人家知道他的资金及盈利数额"，他们会千方百计虚报瞒报资金和盈利数目，同时，依率征税的前提下，调查评议起不到了解商家营利情况的真实性，因为工商业户基于人情与利益不会互相揭对方的真实情况，何况他人多交与自己又没有利益关系。这样依率征收上来的税收没有真实性；进而得出结论：以营业额、盈利额为基础，

---

① 《华北革命根据地工商税收史料选编（征收管理与其它部分）》第三辑，河北人民出版社 1987 年版，第 513—518 页。

依率征收的征税方法，在"形式上是科学方法，实际还是不科学的"①。失去了真实性，方法怎么算得上科学呢？更为重要的是这样征税，财政任务不能确保完成，这显然也不符合战争需要。基于此，冀南根据地在1946年10月颁布了《工商业征税简易办法》，这一办法叫"民主评定厘股（或称分数），负担量每年自上而下按米分配一次，每月依市价缴纳一次的公道、省事办法"。就是说先确定"全市总负担量"，即全市的税收总额（以实物米价来计算税额是应对当时物价波动过大，通货膨胀无法真实反映营业情况而采取的方法），然后通过民主评定各行各户分配下去。先确定一个总量，再分配下去，这个简易办法不就成了摊派吗？政策制定者显然也想到了这一点，所以强调要"贯彻累进。评议厘股办法，在执行中最主要的危险，就是复原到抗战前为少数人所操纵的平均摊派。我们的评议厘股，必须强调累进"，也就是通过累进税率来划分与摊派的区别。当时这一简易办法的制定者在政策与方法上更多地强调公平合理负担问题，认为只有进行充分民主评议才能实现公平合理负担，而要做好这项工作，首先在宣传上要"将新办法的特点与过去作比较"，尤其是要说清说明现在实行的厘股（分数）制与原来依率计算的"百分比"的不同：在原来的征税方法中，是依"百分比"的税率征税，工商业户各纳各税，相互之间的纳税量是"互不相干"的；而在新的简易方法中，有一个"总负担量"，税收总量被确定了，这样，工商业户之间纳税量就变成相互关联了，会出现"你少我多，我多你少"的现象。用政策宣讲的话说就是："厘股制是你少我多，我多你少，与过去'百分比'制互不相干的不同"。讲明这个区别，目的是要工商业户明白民主评议会与各自的利益关系。为了搞好民主评议会上的"斗争"，在宣传上，还提出一些鲜明口号以示提醒和动员，这些口号有："一人少纳大家吃亏""开会不发言，吃亏没的怨""一年谁轻谁重，就看这一会""光是顾情面，别怕多纳钱""铁面

① 《革命根据地经济史料选编》下册，江西人民出版社1986年版，第144页。

无私、公平正直""先小人后君子""交情说交情、买卖说买卖"等。此外，在评议组织上，明确提出"评议组织最好要与商会严格分开"，以免评议组织的"成分不够广泛，而影响到评议中的发扬民主"。这显然是为了防止商会控制评议组织。这一方法就是后来被称为"民主评议"的方法，其中还有一个重要问题，就是如何确定"全市总负担量"？其依据是什么？当时的相关政策与宣传文件只提到这是一个关键问题，并没有详细说明。①

这一方法得到了上级部门的充分肯定，在华北财政经济会议上，一份综合报告提出："根据某些地区的经验，最好还是采用分级计分办法，即由政府规定税款总额，而由商人自己民主讨论，按其资金、营业盈利状况评定等级，按级计分，分摊税款。""这样既免调查麻烦，且较公平合理，这个经验可供各地参考。"②这个报告也没有把这种方法称为"民主评议"，但从实质与方法上看，它就是后来被称为"民主评议"的方法。解放战争期间，在华北，中国共产党执政的大中城市较普遍实行这一征税方法。在实践中，执政的共产党人发现这一方法，虽然减少了调查的麻烦，但公平合理等问题却并没有得到真正解决，因为在民主讨论评议中，有影响力的工商业者有可能影响评议占便宜而少缴税，而无影响力的则要多缴税；而且，民主评议的实施是先定一个税款总额，再经评论分摊税款，这多少让人有"摊派"疑虑，而且还存在税款过重的问题。基于此，在1948年9月的一个相关工作指示中，便提出"对工商业者按所得纯利只征百分之十五左右的所得税"，并强调要"规定合理评议计算征收的制度"才行。③

这一改进观点在后来的税收政策中也得到了落实。1949年3月5日，《人民日报》以《自报公议公平合理，许昌完成征收营业税》为题报道表扬

---

① 《华北革命根据地工商税收史料选编（征收管理与其它部分）》第三辑，河北人民出版社1987年版，第532—534页。
② 《革命根据地经济史料选编》下册，江西人民出版社1986年版，第144页。
③ 《革命根据地经济史料选编》下册，江西人民出版社1986年版，第248页。

了许昌实行这一方法取得的成绩，并较详细地介绍了具体做法。报道说，这是许昌首次开征冬季营业税，"根据分别工商、合理负担的原则，以自报公议方式，展开民主评议，揭发逃税奸商和企图减轻负担者诡计，以达到基本上的公平合理"。人民政府在这一税收政策指导下征收营业税，"纳税者极为踊跃，在短暂的十三天中，即全部完成征收工作；且实收税额超过原定总税额的百分之三十三"。这一方法具体是怎么做的呢？报道说："征税之初，工商联合会筹委会会同各行业公会负责人组成总评议会，以各行业公会会长加上各业民选的评议小组组长，组成评议分会，复由全体负担户分别组成评议小组，按自报公议，比户定分，三榜定案办法，将总税额一千万元（中州币）定为二百分，进行民主评议。全市共四十一个行业，计二千二百廿九户，经工商局调查后，依法免征的有铁工、冶炼、纺织、牙刷等六业，减半征收的有皮革、印刷、鞋工、缝纫四业，另有机器制面、理发、钟表三业，因其每日收入仅足以维持生活，故经民主决定亦予以免征，全征者有二十八个行业，计一千六百七十户。"就是说，先确定一个税收总额，并把它折成具体"分"，然后，通过评议会（小组），经过民主评议争论，把"分"落实到各行业以及各工商户；而且规定"负担原则，工业户最高不超过其纯益的百分之十五，商业户不超过百分之廿"。虽然文章中有"民主评议"一词了，但从标题看，这一方法被称为"自报公议"。文章还较多关注"公议"的作用，尤其强调"公议"就是为追求公平合理。报道列举两个错误观点，并指出这些阻碍了负担公平合理的实现：某杂货业代表提出"不用展开争论，免伤和气，评多评少均可以"的观点；大商人刘某"主张不用民主评议，而由几个人统算后摊派下去"的观点。报道还说："人民政府为使负担更求得进一步的公平合理，曾发动商人检举暗商（即不以商人面目出现而暗中做买卖投机的行商）。在'检举出暗商，大家少负担'的口号下，被检举的暗商达四十二户。另有三十三户暗商（他们大部是有较大资本的行商）见无隙可乘，乃自动报告纳税。总评议会对被检举的与自报的暗商，予以分别对待：自报的与普通户同，被检举的则加倍其负担。"倡导检举"暗商"，仍是指向维护负担的公平合理。①

概括而言，中国共产党人在新中国成立前后针对城市工商业征收营业税所得税实行的民主评议的具体做法：（1）规定一个时期全市应纳工商税总额；（2）由城市税收机关会同市工商业联合会组成的民主评议会把这一税额分到各行业；（3）各行业的民主评议委员会再通过评议把应交税额分配到各税户的头上。② 由于这一方法注意到当时工商业户账目不完善的情况，设计中，有防范工商业者瞒报资金和盈利额的功能，又有与工商业户主共同民主协商的形式，更为重要的是能保证完成税收任务，保证政府财政收入。这样，民主评议的方法被当时中央财经部门所肯定，进而要求已被解放了的各大中城市均按这一方法来征收工商业营业税、所得税。

二、自报实缴的提出与实施

1949 年 5 月上海解放，中国共产党领导的上海市税务部门对于营业税所得税实行的征收方法是自报实缴。为什么不实行民主评议的方法呢？1949 年初，解放上海已成为中国共产党的下一个议程，但是，中国共产党领袖们却表现出极为谨慎的态度。1949 年 1 月淮海战役结束后，中国共产党并没有顺势解放上海，而是在解放上海前做了大量的非常精细的准备工作：在接收上采取的是"各按系统、原封不动、自上而下"的办法，对于接收后的管理问题，初期也基本遵循旧例。以税收为例，陈毅市长发布的"财字第一号"布告规定按旧例继续征收各税，"国民党各项税收原为支持其反动统治，进行反人民战争之资本……现上海已获解放，原国民党各项税务机关业经本会接管，一切财政收入均转为人民服务，性质上已与过去完全

---

① 《自报公议公平合理　许昌完成征收营业税》，《人民日报》1949 年 3 月 5 日。

② 《顾准自述》，中国青年出版社 2002 年版，第 150—151 页；古维进：《如何民主评议？——天津征收工商业税的经验介绍》，《人民日报》1950 年 4 月 22 日。

不同。今后发展市政建设，维护生产，并支援人民革命战争，争取全国胜利，责任至重。值此解放伊始。原有各项国税市税，仍暂继续征收，希各界人民照旧缴纳，勿得逃避"[1]。照旧征收政策执行到什么程度呢？有人问："花捐（即娼妓的捐税）是否收呢？"相关负责人肯定地说："这也要收，既然娼妓还存在，有活动当然也还是要收。"[2] 这些政策方针，虽然在北平的接管工作时，已基本确定，但是，在上海应用时仍具有一定的独特性，延续性更强，同时，由于上海私营资本主义经济为全国之最，无论从政治上、经济上都需要团结它们，这样，就在宏观上为上海新政府设定新政策时提供了新的空间与可能。也正是在这一背景下，上海税务局实行了与民主评议不同的征收方法。

1949 年 7 月，随着接收工作基本完成，负责营业税所得税的上海直接税务局对外发布公告，宣称政府已公布施行印花税稽征办法，而各种直接税如所得税营业税等，一律废除原来旧政府实行的简化稽征办法，要按照实际情形，重新厘定新法，并明确规定："1949 年 4 月以前应纳的税款，应向上海市财政局各稽征处缴纳；5 月以后发生的营业行为，候新法公布后课征。"[3] 对于工商企业征收营业税所得税，如前文所述，中国共产党在执政的城市均实施民主评议的办法，而且也形成了一定的经验，上海税务部门在这一公告中没有直接宣布要实施民主评议的方法，而是说要实施新法，这也预示上海将实行与民主评议不同的方法了。对于民主评议这一方法，时任上海直接税务局局长的顾准在多年以后写给相关组织部门的历史材料中就说：当时，"营业税、所得税两者是否采用民主评议办法，一开始我就持有疑问"[4]。顾准之所以"一开始"就持有疑问，是因为他具有现代会计、税收方面的知

---

[1]　石鸿熙：《接管上海亲历记》，上海市政协文史资料编辑部 1997 年版，第 256 页。

[2]　上海市档案馆编：《上海解放》，档案出版社 1989 年版，第 79 页。

[3]　上海市直接税务局：《上海市直接税局关于规定解放后各种直接税应征免征补报等处理办法的报告、公告》，1949 年 7 月，上海市档案馆藏档，档案号：B93—1—35。

[4]　《顾准自述》，中国青年出版社 2002 年版，第 151 页。

识，在参加革命队伍之前，他在上海滩就是小有名气的青年会计税收专家了。[1] 正是凭借相关专业知识，顾准质疑民主评议这方法："民主评议首先要求我们提出应征税总额再层层派下去，这个应征总额怎样定法，实在摸不到底"；"民主评议评到户，要经过各业同业工会。上海工商户如此之多，一个行业的同业工会内有势力的资本家可能占便宜，不占势力的可能吃亏。更为重要的是，这种税收方法因其必然完全脱离税法规定"；"我们如果在上海搞民主评议，只能有二种可能的结果，一是征税实额低于税法规定的税率，这会使资产阶级占尽便宜。二是征税实额高于税法规定的税率，这就会变成'摊派'。"[2]1949 年 7 月，在写给上级部门的工作报告中，顾准就直接表示上海营业税征收要寻找新的方法："营业税问题上海过去营业税属市，特种营业税与营利事业所得税属中央，我们把这全部归并于上海直接局。又因过去简化稽征办法，很不合理，北平已废除，我们也不得不废除，上海范围太大（共计十六万户商家）又无法民主评议，所以不得不花很多时间草拟营业税办法（以照顾正当的工商业，打击一些不应发展的工商业为原则）与整理底册，并想出办法来取缔存在了十多年的假账。"[3] 这一段话也显示，上海直接税务局想拟的新办法，是既要鼓励正当工商业发展，同时要解决假账问题。

　　1949 年新旧政权交替之时，上海工商资本家阶级发生了分化，一部分出走海外、香港；一部分则继续留在上海，准备与新政权合作。中国共产党对于民族工商业资产阶级实行的是统一战线，也愿意与他们进行政策沟通与交流。作为上海市工商业资本家组织机构的上海市商会，在上海解放后不久便积极与新政权就税收政策发表意见，而新政府的税务部门也积极与工商界成员接触交流。资料显示，在拟定营业税稽征暂行办法时，当时上海税务等

---

① 参见蒋贤斌：《出走：顾准思想研究》，福建教育出版社 2010 年版。

② 《顾准自述》，中国青年出版社 2002 年版，第 151 页。顾准在自述材料中把"自报实缴"简写为"自报实交"，为尊重原文，本书在引用时按原字样转录。

③ 上海市直接税务局：《上海市直接税务局局长顾准关于上海税务工作方案的报告》，1949年 7 月，上海市档案馆藏档，档案号：B93—1—4。

部门与曾任上海市商会秘书长的严谔声有过重要的交流。严谔声向有关部门写了一份《对于征收营业税之意见》，建议：仿照北平先例，废除简化稽征办法；豁免 1949 年 5 月营业税；自 1949 年 6 月起，各工商企业实行"核实计账，核实计税"；税率依各业情况弹性规定，力求合理；同时建议降低税率，提高起征点，以免商家因负担过重而逃税；等等。从来往信件档案以及后来公布的营业税征收条款来看，上海市税务机构接受了工商界的一些意见。①1949 年 8 月《上海市营业税稽征暂行办法》由上海市人民政府公布，上海市新营业税稽征原则是："（1）尊重纳税人，由其自报实交，然后再检查。（2）采取轻税重罚精神。（3）课征范围以上海市辖境内的营利事业为限，总店或分店不在上海者，不予课征。（4）对合作社予以减半征税。（5）奖励新发明给予免税优待。（6）采取差别税率，基本工业最低，一般工业其次，商业最重。"②《上海市营业税稽征暂行办法》的公布，表明"自报实缴，轻税重罚"的征税方法在上海开始实施。对于"轻税重罚"，条例规定如果查获商家报缴不实，将处以补缴 40 至 60 倍税款的处分，上海商会认为这个规定太重了，建议仿照山东省的税法规定，处以 2 至 3 倍罚金即可。上海市税务部门在这个问题上没有接受上海商会的建议，坚持重罚条款。③ 为了配合新营业税稽征办法的实施，上海税务部门同时发表了所得税征收原则。原则表示考虑到当时由于通货膨胀而引起的工商业账面记载的失实和工商业的困难，提出免征 1949 年 8 月 31 日前的所得税；"鉴于通货价值未臻稳定之时，计算纯益额时，得以其期初存货统按期末存货同样估价（期末存货得一律

---

① 上海市工商业联合会：《上海市工商联合会关于上海市营业税和所得税稽征办法、严谔声与市军管会、市税局等提供意见的来往文书》，1949 年 7 月，上海市档案馆藏档，档案号：C48—2—117。

② 《中华人民共和国工商税收史长编》第一部，中国财政经济出版社 1988 年版，第 54 页。

③ 上海市工商业联合会：《上海市工商联合会关于上海市营业税和所得税稽征办法、严谔声与市军管会、市税局等提供意见的来往文书》，1949 年 7 月，上海市档案馆藏档，档案号：C48—2—117。

按时价估值），以计算其销货成本"；起征点尽量提高，原则上以所得额较大的公司、厂商为课征对象，而所得额较小的商业可能都在免税之列；税率，根据所得税额的大小征收温和的超额累进税率，以5%至20%为幅度，一般商业的税率较高，普通工业次之，基本工业和制造生产工具的工业最低。1949年11月，上海市公布营利事业所得税稽征办法。所得税征收办法当然也是"自报实缴，轻税重罚"。这一方法可以简约表述为：按工商业者自己申报的营业额和所得额，按税率征收税款，如果发现商家少报了数额（轻税），则税收部门对其实行重罚。[1]

营业税开征后，效果良好。1949年第1期(6、7、8月）三个月收入87亿元、第2期（9、10月）两个月收入为211亿元。顾准后来说，这个成绩"比国民党统治时代高出了好几倍"[2]。不过，调查发现申报免税户比例相当高，第1期申报免税户达39740户，而纳税户为35421户，合计为75161户，免税户率达52.87%；第2期申报免税户34792，纳税户49291户，合计84083户，免税户率达41.38%。显然，不少商家为了逃避纳税，造了假账。相关税务部门通过不断查账处罚进行打击，到了第3期交11、12月营业税时，总纳税户近10万户，申报免税的为16500户，免税户率不到20%，已经大幅度降低，或许正是受益于此，1949年11、12月两个月的营业税收入为511亿元。[3] 这样的成绩，上海税务部门自然会认为"自报实缴"的方法可行，也是成功的。

三、争论

1949年初夏，上海开征营业税所得税不实行民主评议方法而实行自报实缴，与当时全国财经工作没有统一有关。这时候距1949年10月1日中

---

[1] 《中华人民共和国工商税收史长编》第一部，中国财政经济出版社1988年版，第54—55页。

[2] 《顾准自述》，中国青年出版社2002年版，第152页。

[3] 上海市直接税务局：《上海市直接税局关于税收状况的分析及1950年度税收概算》，1950年2月，上海市档案馆藏档，档案号：B93—1—32。

央人民政府宣告成立还有几个月，虽然为了统一领导全国财经工作，早在1949年3月，党的七届二中全会上就正式决定成立中央财经委员会，7月以陈云为主任的中央财经委员会也成立了，但是在战争年代，中共中央对财政工作实行的是"统一管理，分散经营"，也就是说在经济管理上，"财政、金融管理权限一般都集中在解放区政府之中"①，解放战争也是如此。应该正是基于这一政策习惯与传统，当时上海市委最高决策层没有觉得实施异于民主评议的税收方法有什么不妥，毕竟这属于管辖权内事务，因而，他们支持了顾准的建议。如前所述，时任上海市直接税务局局长，具有现代财税知识与理论的顾准质疑民主评议的两个重要理由，一是上海工商户多，无法实施民主评议；二是这一方法本身在税理上有问题，会成为"摊派"。②

对民主评议提出质疑的还有学界的专家。1949年8月17日，《光明日报》的经济周刊上刊登了经济学家、研究员伍丹戈的文章《论城市工商税捐》，文章明确反对民主评议方法，认为先确定一个城市工商税收纳税总额数，往往会加重工商户的负担；而把税额层层分下去的做法，则是"摊派性质而不是捐税性质"，有违税法理论。③《光明日报》是1949年6月16日创刊的一份以知识分子为主要读者对象报纸，当时是由民主党派中的中国民主同盟主办。财经学者伍丹戈在1949年前也时常在报刊上发表财税文章，评述财政政策，表达个人观点，这篇文章应该也是代表他个人的观点。非常明确，他的观点，与顾准质疑的观点一致。1949年9月4日，《人民日报》发表了虹流的文章《谈北平市营利事业所得税——并与伍丹戈先生商榷》。文章以北平市为例对伍丹戈质疑民主评议的观点进行了批驳。文章首先驳斥的是一个核心问题：民主评议是摊派。文章说："北平市这次征收营利事业所得税一开始就邀集了工商业界代表，组织推进委员会，计划布置全盘工作，在

---

① 《中华人民共和国经济史》第一卷，中国财政经济出版社2001年版，第161页。

② 《顾准自述》，中国青年出版社2002年版，第151页。

③ 伍丹戈：《论城市工商税捐》，《光明日报》1949年8月17日。

会议上大家一致意见，拟定二百万分，为纳税的总分。这个总分数只能代表征税的一个假定范围，也就是一种'点数'，对税额并不能发生决定性的作用，即便拟定的总分数比二百万分再多几倍，税额也不一定就要增加几倍，比二百万分拟定的再少一些，税额也不一定就会减少，所以拟定分数的多寡与税额没有好大关系。一个基本关键是人民政府不采取强迫命令方式，不武断地拟定税额；而是根据各个行业具体情况和真实负担能力，经过长时间的调查了解和缜密的分析研究，并经过各种大小会议，反复进行调整，经过工商业户讨论评议，经过行业公会、联合评议会纵横比较多次修正，然后才作决定。同时又照顾政策斟酌减免（北平这次减免的范围是相当宽阔的），所以结果未必能完成二百万分的任务。当着各商户的营业情况和负担能力还没有查明之前，根本不能确定总的税额，况且还有的工商户应予减免，个别遭遇亏蚀的应予照顾，因此，事先很难确定最后的实征数字。人民政府的负责干部曾再三说明，预先根本没有内定必须完成多少税收任务的数额，而是要对人民负责，根据实际情况，具体掌握领导，而达成应得的结果。伍丹戈先生认为这种办法'弊多于利'，实际上只是从抽象理论出发的一句空话。至于说这是'摊派性质而不是捐税性质'，那实在是伍先生不问事实的主观武断和捏造。"接着，文章对比民主评议和自报实缴两种征税方法进行阐述。"如果只凭商人申报，可以断言，绝大多数商户会发生欺瞒现象。就算还有查账的方法作后盾吧，究竟税局能有多少人去查账呢？抽查有限的户数吧？查到的就倒了霉，查不到的就沾了光，这样不仅违背人民政府的税收政策，亦必为群众所不满，助长工商业者漏税的心理。因此，这种办法，只有在商人完全自觉实报，或工商业的管理比较完备，或在普遍调查的情况下，才能收到成效。目前普遍调查及精密核账的工作，事实上做不到，管理上同样也不容易做到完备。在这种情况下，如果主张采取申报查账的方法就无异于完全相信商人会自觉地实报纳税，想法未免过于天真。主张典型调查、民主评议的办法，则是突破重点，推动全面的唯一办法。在取得了典型调查材料之后，就可以比较正确地了解工商业者的实际负担能力，以典型调查的资料来掌握点的真实性；加以民主评议的方法来掌握面的真实性，两者互相结合，就有可能使税收做到公平合理。"随后，作者讨论"更重要的问题还在于负担究竟是否过重？"通过列举北平的案例，作者说："从上面的统计数字可以充分看出，营利事业所得税的负担确实并不算重，不但没有超过工商业者的负担能力，而且距离他们应有的负担，多数还差得很远。至于个别行业或个别户的实际负担产生了畸轻畸重的现象，自是评议中的疏忽所致，税务当局已经或正在帮助他们进行纠正与调整。"最后，作者说："伍丹戈先生显然只听到某些工商户的叫喊，而未深入考察真相，因此就重复了某些工商户的叫声，殊不知有许多事实告诉我们，有不少工商业者是经不起深入的考察的"，他们"不但对别人，就是对本行本业也从不肯吐露实话，真账不肯公开，宁可信口对天盟誓，却不愿暴露真实的营业内幕"。文章虽然指出这是工商户们"过去长期在封建势力帝国主义者及官僚资本的压榨下养成了一种习惯"，"造假账、顶买顶卖、多报开支、集体偷税"是他们对抗自保的"自卫手段"，但是"不幸还遗留到解放后的今日"，因此，他们仍"在正当营业之外，进行暗中交易，投机倒把，甚至经营违犯政府法令的生意"，对于这些"不法收益"，"更不是仅从账簿上可以完全查考的了！"并举例说明："如：人民银行北平分行六月初在本市裕德粮栈查出的'后账'三册，内载一至六月份搞卖黄金的交易。账中以黄连代替黄金，计收进黄金二〇七六两，银元一二八八枚，售出黄金三〇九九两，银元一一〇八枚。"①

《人民日报》1948年6月15日在河北平山创刊，它是由《晋察冀日报》和晋冀鲁豫《人民日报》合并而成，为中共中央华北局机关报，同时担负党中央机关报职能，1949年8月1日中共中央决定《人民日报》为中央机关报。这篇在中央机关报发表的文章作者署名虹流，应该是一个笔名，但是，

---

① 虹流：《谈北平市营利事业所得税——并与伍丹戈先生商榷》，《人民日报》1949年9月4日。

文章代表了当时中央相关组织机构的观念与态度应是无疑。这篇文章，作者一个主要议题就是想通过否定城市工商业税收有一个确定性的"税收任务的数额"，进而否定民主评议有"摊派"性质；其次，是通过实事材料、工商业户账本虚假与劣迹现象来论证自报实缴的不可行和民主评议的可行性。显然，后一内容的论证更为充实合理，符合实际；前一内容的论证事实上无法否定"税收任务的数额"的存在，最终只能强硬说对手的观点是"主观武断和捏造"，以显自己观点的客观与事实。

相对于报纸媒体上的公共话题的针锋相对、泾渭分明的是非争论，体制机构内部的交流、讨论及最后的政策出台显得更为理性，更符合学理。1949年7月，当上海市直接税务局局长顾准提出要实行自报实缴时，他不仅要向上海市党政领导人解释说明，同时必须向中央财经领导机关相关人员汇报解释。上海市的高层领导对两种方法的区别或许没有什么学理上的认识，认为只要能完成相关工作，方法不是问题。而中央财税部门的管理者们当然是具备税理知识，通过下面的相关历史分析与讨论，我们会发现他们在交流讨论与相关政策文件中，从来没有否定过自报实缴，相反，还把它作为未来工作要实现的目标。

两种税收方法的争论还引起了毛泽东的过问。1949年11月1日，中共上海市委发给中央的电报转述了英国侨民致英政府备忘录要点。转述的要点中说："英侨情况，现亦略好转。对身受政府一视同仁之待遇，无不感激。惟对某些税收制度及劳资问题，尚有意见。天津之合并征收所得税及营业税，并照'付税能力'强定工商税，对工商业有严重不良影响。惟上海之营业税法及印花税法，系参酌本市实际情况而定，人民无不称善。"[1]天津实行的正是民主评议方法。这位英国侨民的态度显然是肯定上海的自报实缴，否定天津的民主评议。毛泽东11月4日看到这一电报后，便转发给了财政

---

[1] 《毛泽东年谱（一九四九——一九七六）》第一卷，中央文献出版社2013年版，第38页。

部部长薄一波，并批示："薄一波同志：请将此项情报抄送黄敬①，并收集上海税收办法，加以研究。"②接到毛泽东的批示后，薄一波应该进行了相关调查、研究。一个月后，薄一波才形成这一调查结论，于12月8日回复了刘少奇及中共中央。③可能并非完全巧合，首届全国税务会议于11月24日至12月9日在北京举行，薄一波很可能想通过会议期间的讨论、调研，再形成较成熟的意见汇报中央。当时中央税务总局隶属于中央财政部，财政部部长薄一波的相关报告及文章，当然是代表了中央税务部门的意见与观点。综合薄一波12月8日给中共中央的信和他在首届全国税务会议上的讲话、全国税务会议形成的总结报告，以及1950年1月30日《工商业税暂行条例》，3月23日薄一波在《人民日报》发表的社论《税收在我们国家工作中的作用》一文，我们可以大概了解到中央税务部门对民主评议争论的态度与观点以及解决问题的方法。

薄一波在1949年12月8日写给刘少奇和中共中央的信中对相关问题讨论较为关键，现将信中内容引录如下："兹将研究结果报告如下：问题主要在于：（一）上海税轻，天津重；（二）上海征税方法是'自报实缴，轻税重罚'，天津是'民主评议'。一、负担轻重问题。按天津近半年征收工商业税，合计小米六千万斤；上海同时间之营业所得税，征收折大米一亿四千万斤：津沪为一比二点三。但津沪工商业户数为一比二点五（津三万九千户，沪九万户，一说十一万户，一说十六万户，其说不一），工业生产力为一比六点七五（东北除外，天津工业生产力为全国百分之八，沪为百分之五四）。另以工经商户负担面看，沪为百分之四十六点七（九万户中免税者四万八千户），津为百分之九十八点五（三万九千户中免税者五百六十二户），相差更

---

① 黄敬，时任中共天津市委书记、天津市市长。
② 《毛泽东年谱（一九四九——一九七六）》第一卷，中央文献出版社2013年版，第38页。
③ 1949年12月6日，毛泽东前往苏联访问。毛泽东访苏期间，中共中央委员会主席职务及中央人民政府主席职务由刘少奇代理。

远。这就是外国资本家说'天津不好，上海还好'的真正原因。由于我们在税收中废除了贪污贿赂、行政效能加强，税目税率虽较国民党减低，但实征数字则加大。津去年全年征收折米与今年一至十月份征收折米相较为一比五，其中间接税地方税为一比三点五，直接税为一比十三。实征数字加大，资本家应该叫。那么津负担是否过重了呢？按天津所贴印花额推算，半年营业额不下五千亿斤米，征收六千万斤米，只占营业额的百分之一点二或纯益额百分之十二左右。解放迄今工商户增加三千九百九十六户，工业产量日增，可看出津税并不能说过重。若较之武汉、石家庄、张垣、太原等还轻得多。二、征收方法问题。沪采'自报实征，轻税重罚'办法。好处是依法计税，对资本家好讲话。但'自报'之外，必须有深入的群众性的调查，始能做到少漏税。否则任人虚报，我陷被动，税收损失太大。又提出'轻税口号'，更值得考虑。津采'民主评议'办法，按任务逐级分摊，故能保证收入，工商户造假的老办法无所施其技，我较主动。但无法可凭，'轻''重'没个法定的尺子。六月间天津征税时，外商瞅准这一弱点，迭次抗议，百般刁难（苏商除外）。十月间征税时，外商鉴于上次抗议无效，又由于初步改进评议办法，吸收他们参加评议组织，外商大体顺利缴纳。有的还说几句好话，但内心不满。将来仍有麻烦之可能。"他在信的最后说："我的意见，今后应采取自报公议与查账核定结合，加强调查，逐步做到依法计税。"[1]

民主评议始于华北地区，自抗战后期以来，薄一波一直负责华北地区的工作，对民主评议方法应该非常清楚。毋庸置疑，他肯定是支持这一方法。从这封信的内容，可以明确看出薄一波是非常清楚民主评议方法中客观存在的弊端："无法可凭""'轻''重'没个法定的尺子"等。对于自报实缴，他列举了存在的问题："任人虚报，我陷被动，税收损失太大"，但也清晰指明

---

① 《薄一波书信集》上，中共党史出版社 2009 年版，第 116—117 页。

其"好处是依法计税"。各有利弊，薄一波向上级汇报首届全国税务会议的总结时，说得更直接："征收办法决定自报实缴轻税重罚是不妥当的，满足于民主评议，不向自报查账前进也是不妥当的"。①仔细考量这句话，对于民主评议是否定之中肯定，而对自报实缴则是否定，导向明显。不过，既然知道且明示了自报实缴的"好处是依法计税"，不肯定也说不过去。所以，薄一波在写给中央的信中对于征收办法，他的主张是"自报公议与查账核定结合，加强调查"。在相关表述中，"自报公议，民主评议"是固定用语，自报实缴则与"查账"联系在一起。如此，薄一波主张"自报公议与查账核定结合"是什么意思呢？在信中，薄一波没有展开，只是提到"征收方法，已在首届全国税务会议讨论调整，可望逐步做到统一与平衡"②。那么，首届全国税务会议讨论出的统一与平衡是什么呢？

首届全国税务会议讨论出的结果，集中在体现在1950年1月31日公布的《全国税政实施要则》和《工商业税暂行条例》上。《全国税政实施要则》规定全国征收14种税，其中工商业税包含了原来的营业税及所得税。③《工商业税暂行条例》第十八条规定："为照顾各地工商业之发展程度，经营方法及会计制度，各地税务机关得斟酌实际情形，分别按下列办法计征：一、有健全之会计制度，经税务机关审定认为可资征税确据者，得采用自报实缴方式，配合查账办法，按其营业额及所得额，依率计征。二、不合前项标准者，得依民主评议方式，依据税率及计算标准，参用调查资料，评定计征。三、采用民主评议之地区，对于特种行业会计制度较为健全者，得分别采用查账方法计征。四、较小单位或城市，采用查账与评议均有困难者，得斟酌

---

① 《中华人民共和国工商税收史长编》第一部，中国财政经济出版社1988年版，第74—75页。

② 《薄一波书信集》上，中共党史出版社2009年版，第116—117页。

③ 《中华人民共和国财政史料·工商税收》第四辑，中国财政经济出版社1987年版，第47页。

实际情况，采用定期定额征税办法。"①列了四种，实为三种："自报实缴，配合查账办法""民主评议的方式"和"定期定额征税办法"。如此，"平衡与统一"看来就是把两种方法都统一到条例中来了，让各地税务部门因地选择。这样是否表明税务总局在两种方法之间没有倾向性呢？甚至是否可以说，如果有的话，是更倾向于自报实缴呢？因为从排序来说，它排在首位。

事实并非如此，在自报实缴与民主评议之间，税务总局肯定倾向的是民主评议。薄一波在首届全国税务工作会议后向上级反映的总结报告就能体现这一点："征收办法决定自报实缴轻税重罚是不妥当的，满足于民主评议，不向自报查账计税前进也是不妥当的。"②而1950年3月23日《人民日报》发表的社论《税收在我们国家工作中的作用》，对此就更加明确肯定了，并详细地进行了分析和解说："在征收城市工商业税的方法上，财经工作人员中曾经有'自报公议、民主评定'和'自报实缴，轻税重罚'的争论。反对自报公议、民主评定的同志们说：'新式大规模企业组织有完全的账目，具备了自报实缴的条件。''自报实缴可以大大鼓舞商人们自尊心理，轻税重罚又使商人们犯不着逃税。''自己填报，既民主而又便利。''充分照顾解放初期中小工商业者的困难，也大大减轻了他们的负担。'但是，根据全国各地一年来检查征收工商业税的结果来看，完全相信工商业者在纳税问题上会说真话的观点，是完全错误的。事实千百次地证明，不论大中小工商业者，也不论中外工商业者，造假账是相当普遍的，有多至两套三套账簿者。辽东省报告，西安、辉南查账结果，发现工商业者假账少报的营业额和所得额，多至九倍半，一般的都在二倍到三倍，最少的亦在一倍上下。安东还查出一个假账专家。武汉在检查的二百一十九户中，发现两套账的有一百零四户，确

---

① 《中华人民共和国财政史料·工商税收》第四辑，中国财政经济出版社1987年版，第69页。

② 《中华人民共和国工商税收史长编》第一部，中国财政经济出版社1988年版，第74—75页。

实真账的只有七户。上海在检查第二期营业税时，也发现有百分之八十的账簿是不可靠的。'自报实缴'，实际只能是假报虚缴，不足征信。民主评议亦有缺点，不能说很科学。……但在目前的条件下，根据现有材料，结合调查研究，给全国各城市各区域规定一定的税款数目，并由各纳税人户间采取自报公议、民主评定的方法，分配此种税款的负担，确是比较合理的。"①

《工商业税暂行条例》虽然也列举了自报实缴的方法，但是，把营业税和所得税合并为"工商业税"实际上也是与民主评议方法有关。营业税为间接税，所得税为直接税，把两者合二为一，相关宣传解释说："原来的营业税和所得税，本是各自独立的两个税法……为了执行共同纲领所规定的'简化税制'"而合并；还说："所得税和营业税，两个税的性质本来不同。营业税是对营业额——销售总收入或劳务信用总收益——征课。所得税是对所得额——除去各种开支的纯所得——课征。本应该写成两个税法，但在解放后的现阶段，受了客观条件的限制，尚未能普遍查账，大多地区仍采用民主评议的方式，是不能，而且目前不必分成两个税法。"② 是否可以换一个说法，建立工商业税，是要为民主评议大开其道？

推行民主评议，并不意味着主政者不知它的缺点与"不科学"的一面，所以，社论强调的是现阶段推行民主评议，将来要实行更好的方法。薄一波在《税收在我们国家工作中的作用》中指出，较好的税收方法是大连的方法："今后应该学习大连市的方法，税务工作人员应该用最大的力量，结合查账，了解纳税的工商户数、实际财产、营业交易额和利润，把税收工作提高一步。"③ 这一方法也被称为"自报查账计税"方法。薄一波为什么不主张推行大连的方法，而坚持用民主评议的方法呢？分析起来，当时最重要的原因是：税收干部人员较少，无法做好查账工作；而在操作层面上，税务人员

---

① 《薄一波文选（一九三七——一九九二）》，人民出版社 1992 年版，第 118—119 页。

② 《工商业税暂行条例宣传要点》，《税工研究》1950 年第 1 期。

③ 《薄一波文选（一九三七——一九九二）》，人民出版社 1992 年版，第 119 页。

也很难清楚了解工商户的实际财产、交易额和利润。更为重要的是，当时的税收任务艰巨。1949 年 12 月 8 日，在首届全国税务会议上，陈云对当时全国财政经济情况分析说：由于财政供给人数增加（由 750 万人增到近 900 万人）、战争所需的建设费用以及经济恢复所需经费，使"开支的需要日益增加"，"财政赤字很大，约 60% 左右"。如何解决赤字问题呢？陈云指出，摆在我们面前的只有两条道路，需要我们作出选择：一为增加税收，一为发行票子。"票子是多发不得，也不能解决问题"，所以"只有一条路可走，增加税收，这是最好的办法"。进而，他指出，税收任务"不仅是一个财政任务与经济任务，而且是一个严重的政治任务。增加税收的议案已经中央人民政府委员会通过"。① 薄一波在会上亦强调说："确定税收问题要注意到国家财政的需要：现在我们全国供给到 750 万人，如加上华南及全国解放后供给人数将达到 900 万人……要建设海军、空军，要建设铁路，没有钱是不行的，因此我们考虑到这样的问题——必须加强税收工作。"② 这清楚表明，当时的税收是任务税收，是按财政支出而确定税收总额。而要完成这一任务，民主评议当然是最好的方法选项。

时任中央财经重要领导之一的李富春在 1949 年 9 月的一次财经会议上更坦诚表明了为什么要推行民主评议："营业税的征收办法是民主评议与条例相结合，主要是建筑在国家任务基础上，如果……各省有办法，可以不减少国家税收，我赞成可以试验，任务与税率矛盾，今天没有新办法的时候，我们决心还是建筑在任务基础上。"③ 也正因为如此，作为方法的民主评议也在相关表述中被视为一种过渡方法。薄一波在首届全国税务工作会议的总结报告中就说，"满足于民主评议，不向自报查账计税前进也是不妥当的"。

---

① 《陈云文集》第二卷，中央文献出版社 2005 年版，第 40—41 页

② 《中华人民共和国工商税收史长编》，中国财政经济出版社 1988 年版，第 72—73 页。

③ 《中国革命根据地工商税收史长编：东北解放区部分》，中国财政经济出版社 1989 年版，第 145 页。

1950 年 4 月 5 日，时任财政部办公厅主任吴波在写给顾准的一封信中讨论税收政策时明确地说："情况如此之复杂，自报实缴如不与民主评议结合，只靠我们的税收干部查账，恐一时很难弄清楚上海工商业户情况，对收入亦是无法保证的。因此，以民主评议作为过渡尚有必要。东北和大连都是走的这条道路。但必须承认民主评议本身的缺点尚很多，我们只是在被迫不得已情况下才使用。在执行中尚须随时注意研究改进，过渡的时间愈短愈好。"①

上海税务部门的工作在全国首届税务工作会议上受到了批评，中财委对上海营业税征收方法的批示显示了这一点："上海营业税采取自报实缴，在开始感觉时为不得已，此种办法，确有耗损。"②这一批评比较温和，上海市税务部门的负责人也理解为主要不是对自报实缴方法的批评，而是对税收工作中"轻税"做法的批评：免税户比例太高、没有对工商业户进行普查等。③针对上级的批评，上海税务部门对于存在"轻税"问题的政策进行了调整：扩大征税范围，废止起征额的规定，小工商业者（如所谓的"夫妻户"）亦有纳税义务，提高税率等。而在营业税所得税的征收方法方面，提出要坚持实行自报实缴，相关报告文件还列出了实施此方法的依据："我们认为在上海市可以采用'自报实缴'的办法是有它的客观条件。1.各工商业的会计制度健全，从业人员的文化水平高，而各业领导者亦有相当的政治水平。2.有健全的职工组织可以依靠。3.本局干部亦达相当之水准。"对自我评价完全是持肯定与赞赏态度：市税务机构是"大胆采用了'自报实缴'的办法"；实施此方法"提高了纳税人的觉悟，认为这种办法是对纳税人自治自重的一种考验"；这个方法使"各纳税人的税负确能切实适合各人的能力"；有经验、有推广价值，半年的实践工作，"取得了实施'自报实缴'办法之初步经验

---

① 《财政部邬波同志关于上海税收工作问题给上海市直接税局顾准同志的复函》，1950 年 4 月，上海市档案馆藏档，档案号：B93—2—1—15。按：档案中的邬波，即吴波。

② 《1949—1952 中华人民共和国经济档案资料选编·财政卷》，经济管理出版社 1995 年版，第 156 页。

③ 《顾准自述》，中国青年出版社 2002 年版，第 147 页。

以提供全国各地之参考"。① 正如前文所述，财政部虽没有否定自报实缴方法，但在两种税收方法的态度倾向上非常明显。上海市税务机关在这样的情境下，仍提出实行以自报实缴为主，辅以民主评议制度的征收方法，有研究者就认为，这实际上是在"敷衍民主评议派"。这样的推断是不准确的，也不符合历史事实。时任上海税务局局长顾准后来回忆说："从1949年10月到1950年2月，中财部一再要求上海实行民主评议收税方法，严厉批评上海的'自报实交，轻税重罚'。"② 这说明当时顾准是清楚税务总局的态度与精神的。在这样的情况下，对于上级的精神怎么可能"敷衍"？上海税务部门敢提出以自报实缴为主，辅以民主评议，就是如前所述的原因，即他们认为自报实缴更合税理，上海有条件能够实行。

然而，1950年2月6日，上海遭到来自国民党空军的大轰炸，"工业电力供应几乎停止"，工商业无法正常运营，利润自然会大幅削减。按自报实缴的方法，是无法完成上海的税收任务了，"于是在'轻税重罚'的'重罚'两字上做文章；组织直接税局检查室的工作人员出去查账，查出问题，从严解释税法，从重课处罚金"；如此的操作手法，"即使确有税法根据，也可以把逃税户弄得破产。于是，上海资产阶级一方面通过工商联、协商会议等大提抗议，一方面也进行非法抵抗"。③ 这样的境况，自报实缴方法也就难以为继了。不仅如此，体制内的调查报告对上海实施的征税方法也不再温和批评了，而是直接否定了。在《关于上海征收营业税的几个问题》的报告中，作者把上海与其他城市在营业税上的现实进行对比后说："上海工商业户营业税负担，与以上城市相比，肯定可以说是轻的……那么地方一目了然，就可以知道工商业户的资本和营业额，远远落后于上

---

① 上海市直接税务局：《上海市直接税收状况》，1950年，上海市档案馆藏档，档案号：B93—1—32—1。

② 《顾准自述》，中国青年出版社2002年版，第163页。

③ 《顾准自述》，中国青年出版社2002年版，第156—157页。

海，但他们的负担却和上海相差无几，或甚至超过"；还与历史数据相比："历史的材料，也可以帮助说明上海工商业户现在营业额的负担是轻的。历年以来，上海税收经常占全国税收百分之六十。根据过去十年武汉与上海两市工商业税的负担比例，是百分之一百比百分之二千零四十。……但一九五〇年第一次两市自报完成工商业税的数字，武汉与上海却为一比一点八六三。两地负担比较，上海显然是轻的。"报告还直接说，由于上海免税点过高（高于无锡三倍有余），纯粹按照货币计算税额严重损害了国库收入，进而通过列举严重的逃税现象，得出结论："让工商业户自报，但自报是假的，如普遍检查，但查不胜查，既知有假，又不能全部查账，于是只好以假当真，就此收税，岂不是'自报实缴'就落空了么？""上海严重的逃税现象，已经使得'自报实缴'的征收方法不能再继续下去。此一使得国家财政收入受到浩大损失的事实，已引起上海领导机关严重的注意，上海市人民政府已指令税务局采取适当步骤，予以改正。"[①] 上海的自报实缴方法也就"寿终正寝"了。

第二节 民主评议的改进

1950年3月，在工商业税（营业税、所得税）方面，上海开始实施以民主评议为主的征收方法。全市300种以上的行业，约10万户商家，被划归为通过民主评议来确定工商业税；只有约1000户的企业商家仍按自报查账的方法进行征税，这些企业商家包括公营企业、公私合营企业（国家资本占大部分者）、公用事业、大型工厂（其会计制度健全，其产品缴纳货物税，有驻厂人员者）、金融事业（银行和保险公司）、会计制度健全的环球百货公

---

① 《1949—1952中华人民共和国经济档案资料选编·财政卷》，经济管理出版社1995年版，第156—162页。

司、外商事业等。①

上海把民主评议作为工商业税征收的主要方法，意味着新中国成立初期学界政界的相关争论结束了。但问题依然存在：当时的税务系统该如何应对、解决民主评议方法中所存在的问题呢？如前所述，民主评议方法主要存在两个问题：一是政府确定一个税收总额，然后分配任务下去，容易形成"摊派"问题；二是容易产生"以大欺小"，或"以小挤大"问题。对于第一个问题，客观来看，在当时的局势下，税务总局没有打算去解决它。1950年4月22日的《人民日报》刊发文章《如何民主评议？——天津征收工商业税的经验介绍》，明确说："民主评议的基本精神，就是把工商业的负担交给工商业者自己来设法完成；在彼此了解情况及互助督促推动之下，根据政府分配的负担额，合理分配。在工作方法上，就是经过评议把工商业者发动与组织起来，在政府领导之下，完成征收任务。"虽然文中也提到"政府确定的征收任务"，"是根据调查商户营业情况而确定的"，但这个税额任务的确定与税率之间的矛盾仍是存在的。对于第二个问题，天津的经验有什么办法呢？文章说，天津"民主评议总的经验是：依靠群众，走群众路线。……深入群众，调查典型户。即调查不同的行业之间的营业情况，及调查同一行业之间的大、中、小三种行业的营业情况。通过典型户的调查，了解一般商户的营业情况。这样，才能有根据确定商户总的负担分数，才能有根据测探行业与行业间的负担是否平衡、户与户间的负担是否合理，才能有根据处理评议过程中所发生的纠纷（如大户吃小户，小户挤大户等）"。这样努力认真去工作，当然会减少问题的存在，但是，稍加分析就会发现，无论分多少等级，同行间相同等级的工商户都受商（产）品质量的不同、经营能力的优劣、资金充裕与否等因素的影响，其经营状况千差万别，如此评议出的结果也会差强人意。如果再考虑不同行业的差异，问题就会更大。这样看来，当上海

---

① 上海市直接税务局：《上海市直接税局关于民主评议征收工商业税及外侨工商业应并入各有关同业公会参加评议的公告》，1950年，上海市档案馆藏档，档案号：B93—1—39。

开始全面推进民主评议时，这一方法存在的争议与问题并没有得到解决。不过，文章发表一个月后，情况有了转变。

1950 年 5 月至 6 月，第二届全国税务会议在北京召开，会议的任务是在公私兼顾、调整工商业的总方针下调整税收。说直白一点，就是中央政府决定要少收点税，以照顾私营工商业的生存与发展。其主要原因，一方面是因为当时大陆的军事战争已结束，中国共产党全面执政，军费开支可以大幅度降低；另一方面是因为从 1950 年 3 月开始，全国大中城市普遍出现了较为严重的"工厂关门、商店歇业、失业增加"现象。基于此，中央提出"调整税收，酌量减轻民负"。[1] 第二届全国税务会议有一个显著的特点：参加会议的"除了各地区的税务局长参加外，并有全国各大城市私营工商业代表数十人与会"[2]。减税的基调，私营工商业代表的与会，使这次会议能够对此前的税收工作进行较为深刻的总结，在肯定成绩的基础上敢于正视工作中的失误。对于工商业税的征收方法，会议指出："工商业税的三种征收方法不够细致，对依法办事，依率计征的认识不明确和执行不严格。"对于民主评议，会议指出："一定要评营业额，才能结合依率计税，反对老一套的民评办法。"[3]

原来老一套的民主评议的实质是把征收税额分解到每一个行业中的每一户，如果反对这一套，新的民主评议方法是什么呢？1950 年 7 月 12 日，《人民日报》发表的社论《调整税收的两大原则》提出："新的工商业税征收方法，也是贯彻着既照顾财政又照顾生产这两个原则。这是工商业税征税方法上的一个进步。对于有健全的会计制度，可以作为征收确据的工商企业，采取自报查账，按率计征的方法。对于不合前项条件者，采取自报公议，民主评定的方法，但仍然按率计征。"[4] 民主评定"仍然按率计征"，那么评定

---

① 《中共中央文件选集（一九四九年十月—一九六六年五月）》第三册，人民出版社 2013 年版，第 143 页。

② 李予昂：《开国两年来的税务工作》，《税工研究》1951 年第 11、12 期合刊。

③ 李予昂：《开国两年来的税务工作》，《税工研究》1951 年第 11、12 期合刊。

④ 《调整税收的两大原则》，《人民日报》1950 年 7 月 12 日。

是什么呢？是工商业户的营业额。薄一波在第二届全国税务工作会议上作的报告中有相关说明："凡工商业会计制度尚不健全者，采用自报公议民主评定的方法，但亦要评到合乎税率标准，不许高于或低于税率，评议前得根据各行业的经营规模，至少分成大中小三等，每等视其营业状况再分为上中下三等，分别选择一定比例的典型户，进行典型调研，求得各行业之营业额与各行业之标准纯益率及其各等级所得额，然后由各行业或各区评议委员会依照上述方法分别进行评议。所有评议工作，统由税务机关和工商联合会协商负责，务期达到公平合理依率计征的目的。"[1]对新的民主评议说得更清楚明白的是 1950 年 12 月公布的《工商业税暂行条例施行细则》和《工商业税民主评议委员会组织通则》。《工商业税暂行条例施行细则》第六章对征收方法的说明包括了第六十三条至六十六条，其中第六十四条表述为："工商业会计制度尚未健全者，采用自报公议、民主评定方法，依率计征。税务机关应于每期评议前，参加各自报营业额，根据各行业经营规模，酌分大、中、小三等，每等视其营业额状况，分上、中、下三级，分别选择一定比例的典型户，进行有关的各种调查，求得各业营业额，与各业、各等级的标准纯益率及所得额。另由各级评议组织，依照上述方法进行调查，分别评议。将评议结果交税务机关核税，税务机关如发现评议不实，得通知再行评议。"《工商业税民主评议委员会组织通则》第三条规定了民主评议委员会的五个任务："一、传达人民政府税收政策、法令；二、督促工商业户自报营业额及所得额，检举假账、揭发虚报；三、评定工商业户营业额及所得额，提交税务机关依率核计税额；四、受理对民评有异议之申请，重评各行业不公之评议；五、协助税务机关，督促工商业户完成纳税义务。"[2]简单地说，新的民主评议方法评的是工商业户的营业额及所得额——不再是原来的税额了，然后以营业额、所得

---

① 薄一波：《关于调整税收问题》，《税工研究》1950 年第 6 期。

② 《中华人民共和国财政史料·工商税收》第四辑，中国财政经济出版社 1987 年版，第157 页。

额为基数，依率计征。这样，原民主评议中存在的把税额层层分解落实到户，被视"摊派"的问题，即有违税法的问题就解决了。同时，由于没有总的税额的存在，就没有"你少交我多交"，或"你多交我少交"的可能了。民主评议会上也就不会存在"以大欺小"，或"以小挤大"的现象了。如此，原来批评民主评议的两个主要问题就不存在了。当时，有文章就肯定了这一点："在二届全国税务会议以前，大部分地区是直接评定税额，不结合税率，体现政策很差。二届全国税务会议提出评营业额与标准纯益率，强调依率计征，使民主评议提高了一步。"① 这一步当然是向税法、公平方向前进的一步。

然而，如前面的分析，成千上万的商家千差万别，各工商户情况不一，经营业绩必会有很大差异，在这样繁杂的差异上评议出来的三六九等，多数情况下会是难以让人满意的，毕竟普通工商户不可能等同于典型户。对此，政策的制定者当然是预见到了，因而，在相关政策文件中给了不满意民主评议的工商户一个出口："用民主评议征收的工商业户，如果能够不断改善其会计制度，确已具备查账计税的条件者，经核准得改为自报查账依率计征。"② 只要会计制度完备了，账簿做好了，符合规定了，就可以不参加民主评议，而去申请参加"自报查账，依率计征"这一方法。这当然是一种解决方案。不过，这是未来的，如何解决对现实评议中的异议呢？改进民主评议制度便成为解决问题的重要措施了。

改进民主评议制度主要是通过健全各级评议组织、建立税务复议委员会来进行。《工商业税民主评议委员会组织通则》的第四条规定：各城市工商业税民主评议委员会组织分为三级：市（县）联合民主评议委员会（简称联评会）；分业民主评议委员会（简称分评委）；民主评议小组。户数多的行业，则在分评委下设置该行业的分区评委会。通则对各级评议组织成员的构成，包括人数、身份均有规定，既强调委员的代表性，必须有大、中、小业户的

---

① 华山：《对新工商业税法应有的几点认识》，《税工研究》1950 年第 12 期。

② 薄一波：《关于调整税收问题的结论》，《税工研究》1950 年第 6 期。

代表，同时把政府税务机关、工商管理机关、工商业联合会等组织代表列为当然委员。① 这样分级分层评议组织的建立，其目的当然是要使评议结果相符各工商户经营真实性，减少评议中的不公平现象。不仅如此，政务院还发布《税务复议委员会组织通则》，要求各城市建立税务复议委员会（简称复委会），其任务是"传达人民政府税收政策、法令"，"调处税务机关与纳税义务之人争议事项"，"复议纳税义务人有关税务之申请复议事项"。② 复委会的成立与运行，当然会使民主评议制度进一步改善。全国各城市均相应建立了各级民主评议委员会与税务复议委员会。

这样不以税额任务而以营业额所得额为内容的民主评议方法，使各工商户的营业额所得额的真实情况成为关键一环。虽然强调要经过"自报、互查、互评、抽查、协商、复评核定"等步骤，但是，基于利益，各工商户"自报"会少报，"互查互评"流于形式甚至互相包庇，最终导致较大规模偷税漏税的情况出现不是不可能。不仅是理论上可能，事实也会如此。1951 年 3 月针对京津沪汉等 18 个城市的调查显示：工商业税的三种征收方法，参加民主评议的工商户占比最大，为 50% 至 90%，"就负担之税额看，也同样占很大比重，绝大部分在 60% 至 90% 之间"；不过，"不少地区感到民评评不到应征的数字，瞒报严重，不能达到不多征、不少征的要求。原因是过去由上而下的分配任务，今天是评营业额，依率计征，商人中间矛盾少，集体来应付税局。北京总结是'定期定额比民评轻，民评比查账轻，私营比公营轻'。河北省是：'未能将应收的收回来'。河南省是：'不是高于税率，而是低于税率'"。③ 针对这一情况，1951 年 3 月第三届全国税务会议对"堵塞漏洞"（偷

---

① 《中华人民共和国财政史料·工商税收》第四辑，中国财政经济出版社 1987 年版，第 157—158 页。

② 《中华人民共和国财政史料·工商税收》第四辑，中国财政经济出版社 1987 年版，第 157—158 页。

③ 《中华人民共和国工商税收史长编》第三部，中国财政经济出版社 1988 年版，第 162—163 页。

税漏税的漏洞）进行了专题研讨，并提出了具体措施，除提出加强税务部门的外勤稽查队伍、与交通部门相互配合外，重点提出了"依靠店员职工，保护国家税收"（位于八项措施之首）的措施。这样，店员职工护税协税组织逐步建立起来。其实，在此之前，不少城市建立了不同名称的协税组织。解放后，天津市建立了"密报网"，通过密报人员与不法商斗争，在 1950 年一年就查获违章案件 14935 起；上海市也通过各种方式动员职工检举，1950 年 7 月至 1951 年 3 月，所处理的 4000 多件检举偷漏案件中，绝大部分是职工检举。第三届全国税务会议以后，税务总局对职工护税作了一系列指示，各地也纷纷建立了职工护税组织。上海市工商户最多，职工护税组织数与人数也多，至 1952 年底，全市有 10522 个协税组织，81511 名协税干事。① 提出店员职工协税、护税，符合中国共产党群众路线的工作经验与作风，也符合阶级政治，因而提出与推行没有阻力。不过，实施过程中却也存在不少的问题。比如，身份责任与利益问题：店员职工为政府税局服务，在时间和精力上必会影响他们工作，而他们工作及生活薪资与企业商店紧密相联，他们的协税护税行为必然会影响到商家企业利益，进而影响与雇主关系；权力边界问题：店员职工协税护税的边界在哪里？如何防止店员职工有可能存在的权力滥用以及腐败问题？哪个组织来管理约束店员职工？还有税务部门与协税店员职工职责边界等问题。经过一段时间的实践与探索，上海税务局提出：店员职工"只协不收，不代替税局，不干涉资方三权，不能参加劳资协商会议的原则"。税务总局随后也总结出依靠职工护税三原则指导意见：第一，"护税与生产相结合，职工就厂就店监督生产，改善经营，进行护税，不能因护税而影响生产"；第二，"只护税不代替税务机关做具体的征税工作，以免影响职工正常生产任务"；第三，"护税工作要在工会的领导下进行，不能脱离各级工会组织的领导，护税组织为工会组织的一部分，税务机关，税务

---

①　《中华人民共和国工商税收史长编》第一部，中国财政经济出版社 1988 年版，第 164、177、179 页。

干部与职工必须建立经常联系，并进行业务上的指导"。[①] 三项原则的确定当然有利于规范工作的进行，但是要求店员职工在护税与工作、国家税收与商家企业间把握好尺度分寸，难度极大。对于其中的复杂与困难，提出建立店员职工协税护税政策的制定者也预测到了，因而，在政策上，一方面提出鼓励店员职工通过公开与秘密的方式举报资方偷税漏税行为，并设定了"培养店员出身税工干部"的出口与通道；但是同时提出："因职工密报而查获者，不要重罚影响了营业，以致职工自己也受了损失，需要适当照顾，以减除顾虑。"[②] 尽管复杂，当局推动店员职工护税工作明确。从结果看，这样的组织建立与动作，当然有利于税务部门掌握工商户的营业盈利真实情况，有利于税收工作。

第三节　历史评价

1969 年 4 月，在上海主张与实施"自报实缴，轻税重罚"的顾准在一份材料中谈到 1950 年前后的那次争论时，仍坚持自己的主张与方法是正确的。他认为，"民主评议方法弊多利少"，上海后来之所以改为实行以民主评议方法为主要征税手段，主要是迫于财政部的压力。在材料中，他指出民主评议存在一个重大弊端：在市场复苏繁荣、生产兴旺时，它不可能评估到工商企业丰厚的营业额所得额，进而会造成国家税收的大量流失。顾准举例说，假如一家私营工厂开工率为 1/3 时，营业额和资本额相等；资本利润率为 10%，经常费（产品成本中不因产品量增加而增加的部分）为营业额的 10%。如果这家工厂达到全率开工，应交所得税额可以增加 10—20 倍。他还列出一个表格公式来说明（见表 3）。

---

① 《中华人民共和国工商税收史长编》第三部，中国财政经济出版社 1988 年版，第 185 页。

② 《职工店员如何协助税收工作》，《税工研究》1951 年第 4、5 期合刊。

表3　顾准列出的表格公式

项目	开工率1/3	全率开工
资本	100	100
营业额	100	300
利润	10	50
应交所得税	1	16.5
纳税后利润	9	33.5

按税法，实行累进制，即利润越多征税率越大。上表的计算是顾准假定资本利润率在10%以下的，征税10%；资本利润率在10%到20%的，征税20%；以此类推，资本利润率为40%到50%的，征税60%。从表格可以清楚得知，工厂在开工率只有1/3时，交所得税1元，而全率开工时，按率则要交16.5元，相当于开工率1/3时的16.5倍。顾准由此说："如果采用民主评议方法，最大胆地估计，也不敢把应交税额提高到16.5倍。"这样，民主评议"必定会造成大量的合法逃税"。①

从逻辑推理上说，顾准的这一假设是成立的，事实上也一定会这样。不过，1950年7月，新的民主评议方法开始实施了，民主评议会议评的不再是工商户要交的税额任务，而是工商户的营业额及所得额，然后以营业额、所得额为基数依率计征。这样，两种方法的目的其实一样，都是要获得营业额和所得额数据，然后依率征税。那么，哪种方法更能获得真实的数据呢？对此，前文有所分析，简单说，由于新的民主评议取消了税收总额任务，转为评定营业额所得额和依率计税，这样，民主评议会上资方、大小商户之间的利益争论的前提就不存在了，交税多少只影响到各自的利益，与其他人没有关系，如此，评议会就有可能会流于形式。上海实施的"自报实缴，轻税重罚"的方法，在第一届全国税务会议后改为"自报实缴，配合查账"方法，

①　《顾准自述》，中国青年出版社2002年版，第165页。

强调查账工作；第二届全国税务会议又更名为"自报查账，依率计税"，自报查账是关键。因而，理论上说查账比公议的方法更能得到工商企业的真实营业情况。事实上应该是这样，根据就是税局在实施新的民主评议方法后，更多地强调查账、注重开展职工店员协税护税工作而不是评议了。这样的话，评议不就流于形式了吗？时任上海税务局局长的顾准就是这样认为的，他还认为，不以任务为内容的新的民主评议其实已不是民主评议了，之所以保留这个"名义"与"牌子"，只是为了"面子"。① 为了"面子"而保留民主评议方法的说法过于偏颇。1950 年 6 月，毛泽东在党的七届三中全会上强调："对民族资产阶级，我们要通过合理调整工商业，调整税收，改善同他们的关系……要把他们团结在我们身边，不要把他们推开。"② 这样，民主评议委员会及复议会实际上成为与工商业者们协商的组织机构。民主评议的存在显然是有政治的因素，而非"面子"问题。对于自报查账、民主评议两种方法，谁能更真实地反映营业状况，税务总局是清楚的，把自报查账方法一直列为首要方法，强调民主评议的过渡和职工店员协税护税，最终实行专管制，就是证明。

对于新中国成立初期中国共产党在城市工商税收中实行民主评议的产生与来源，一般认为是源于革命根据地的经验。有学者更进一步详细考证，认为早在抗日战争时期，陕甘宁边区的"救国公粮"征收，就已展现了它的雏形。1941 年皖南事变后，原本占到边区财政收入七成至八成的外援收入全部被断绝了，为了解决财政困难，中国共产党不得不在边区征收 20 万石"救国公粮"，这一数字是前一年的 2.2 倍。为了完成这一艰巨任务，民主评议的方法便被提出来了。边区政府将公粮数目分配到县、区、乡各个层级的参议会、村民大会，组织农民广泛参与讨论和评议；在"不怕重，只怕不公平"的思想引导下，把征粮任务落实到农村所有群体（地主、富农和九成农民）

---

① 《顾准自述》，中国青年出版社 2002 年版，第 166 页。
② 《毛泽东文集》第六卷，人民出版社 1999 年版，第 74—75 页。

中，最终完成了任务。作为经验，这种评议方法也普遍沿用到土地革命战争时期的乡村税收工作之中。1946 年，随着中国共产党执政城市，在城市征收营业税和所得税时便开始使用民主评议的方法，对此前文已有交代，不再赘述。如此，说城市工商税收实行的民主评议方法源于革命根据地应该不会有歧义。

　　不过，如果把新中国成立初期在城市工商税收中实行的民主评议方法放在中国近现代历史中去看，我们会发现它是中国近现代营业税所得税征收方法的延续与变革；如果对比国民党政府在城市征收工商税收时实行的"估计征办""简化稽征"方法，视民主评议为后者的"改良"版也不为过。营业税所得税，作为一个现代的税种，清朝末年清政府就开始议论开征，直到国民党南京政府时方得真正开征，它以营业额所得额为课税标准，按行业、盈利多少实行不同税率，这就需要以工商企业账本为依据进行收税，但是，工商户大多没有现代账簿，加上税局人员有限，因而，在征税方法上，不能完全按照合理的查账计征方法进行，于是便设计了"径行决定"方法。所得税的征收实行了"径行决定"方法作为查账计征方法的补充。所谓"径行决定"，就是"根据直接间接调查材料，比照被调查者在同业中之地位及营业情形，并参酌同业利润水准，决定其所得额及应纳税额"。在所得税的征收中，按径行决定方法征收的为大多数，1947 年 4 月重庆直接税局核定的径行决定户，占当年征课总户数 90%。① 营业税在抗日战争全面爆发之前为地方税，税率各地不一，各地根据本地区情况，征收营业税方法不一，归纳起来有三种：查征、包征、委托代征。查征就是由政府设立征税机关，委派税务人员调查商家经营实况，按照既定的课税标准和手续直接征收税款。包征，即通过招投标的方式，由商人或商人团体承包征收。委托代征，即由政府委托某些单位代征税款。在 1933 年前，以包征与商人团体代征为主，此后，查征

---

　　① 　国家税务总局：《中华民国工商税收史——直接税卷》，中国财政经济出版社 1996 年版，第 58—60 页。

与县政府代征逐步取代了包征与商人团体代征，只有绥远与青岛两地还存在由商会代征。① 到 1941 年 11 月，国民党政府中央明令自 1942 年 1 月 1 日起营业税由中央接管，各省市营业税征收机关和人员都由中央接收。由于营业税与所得税以工商营业为主要课税对象，查征与所得税联系密切，所以财政部将营业税划由直接税处接管。在征税方法上，根据纳税单位的"买卖资本"与"会计健全程度"分别实行"申报查账""查账征收"以及"估计征收"。前两种方法，是以申报或查账获得的数据为基础，依率征税；而没有账本或有问题的，则依税法径行决定其税额，即实行"估计征收"。估计征收，"是个别估计，个别通知，手续既繁，彼此先后之间亦缺乏比较，往往税负轻重失平，甚至有的查账人员，一时凭其个人好恶，随意估计，弊端丛生，引起工商界及社会舆论强烈不满"。基于此，"财政部乃制定简化稽征办法，即根据税法径行决定之范围，扩大应用，改个别估计为集体评定，以公开求公平"②。1944 年，国民党政府财政部颁布《三十三年度所利得税简化稽征办法》，"以三十二年各商业营业额，参酌本年度所得税岁入预算，分别各业利润标准，由征收机关同所得税审查委员会、商会、同业公会公开评定各商税额，以求公开"③，即先通过调查计算出纳税额，然后通过审查委员会、商会及同业公会公开评议后，征税机关再公布确定的各商户纳税额。这一办法被称为"主要原则为'标准计税'，而'公开评议'则为其精神所在"④。所得税也基本参照简化稽征办法进行征收。简化稽征的实施在当时遭到了较为强烈的批评，主要是批评方法无法律依据、随意性、形同摊派、有失公平等。既

---

① 柯伟明：《营业税与民国时期的税收现代化》，博士学位论文，复旦大学，2013 年，第 63—66 页。

② 国家税务总局：《中华民国工商税收史——直接税卷》，中国财政经济出版社 1996 年版，第 90 页。

③ 国家税务总局：《中华民国工商税收史——税务管理卷》，中国财政经济出版社 1998 年版，第 264 页。

④ 国家税务总局：《中华民国工商税收史——直接税卷》，中国财政经济出版社 1996 年版，第 90—92 页。

然简化稽征有如此多的问题，为什么要实行呢？除了前面所说的商户账簿不全不实、税局人力不足等原因，还有一个重要原因就是政府处于战争状态，实行的是战时财政，急需从营业税中获取税金。对于战时财政的收入，有学者指出应具有三大特点：一是要迅速集中；二是要数额巨大；三是要安全可靠，即在较短时间内筹集到稳定巨大的收入。① 那么，一个税种是否能够成为战税，也主要看其是否具备战时财政的三大原则。抗战时期任四川省营业税局局长的关吉玉在《营业税三三论》一文中明确指出："当今全面战争开展，为争取民族生存，挽救危亡，前方将士流血拼命，则吾后方民众，自应努力充实战费，支持战争，期获最后胜利。而在中国现行各税中，其能具有制度简单，收入丰富，而永久可靠之战税特质者，当无过于营业税。"② 应该也正是基于此，简化稽征办法尽管在当时有较大争议，国民党政府也要推行。抗战胜利后，国民党政府重新调整财政收支系统，将营业税重新划归地方政府办理（解放战争开始后，国民党政府又设特种营业税，由中央征收），在所得税征收上要求实行查账计税方法，尤其是在较大城市实现。不过，营业税划归地方后，随着战争兴起与扩大，为了获得税收，简化稽征更为普遍地实施了。概括言之，国民党政府自开征营业税所得税后，其征税方法主要是实行径行决定，采用"估计征办""简化稽征"进行。③

对比简化稽征与民主评议两种方法，不难看出它们在确定税额总量、确定各业各户税额这两点上是相同的，在确定总量及各行各户税额的具体操作方式上有所不同。税额总量的确定上，简化稽征有一套较为复杂的计算，民

---

① 崔国华：《抗日战争时期国民政府财政金融政策》，西南财经大学出版社1994年版，第2—3页。

② 关吉玉：《营业税三三论》，《四川营业税周报》1937年11月1日。

③ 参见国家税务总局：《中华民国工商税收史——税务管理卷》，中国财政经济出版社1998年版，第264—273页；国家税务总局：《中华民国工商税收史——直接税卷》，中国财政经济出版社1996年版，第55—61、89—94页；柯伟明：《营业税与民国时期的税收现代化》，博士学位论文，复旦大学，2015年。

主评议则相对简单；在评议上，简化稽征主要是依商会行会进行，民主评议则强调政府主持、依靠各级民主评议组织进行，评议组织则追求各阶层的代表性，商会等只是评议的一个组织部分。如此，虽然民主评议最早源于抗战时根据地的征收公粮，但是，在方法上，把民主评议视为简化稽征的"改良"版也没有什么问题。在研讨民主评议时，追溯历史，指明这一点，也是为了回应当今学界在这个问题上的一个争论：民主评议有违现代税政理念吗？当前学界对于民主评议的评价，在其业绩上，都持肯定态度，但是对这一方法与现代税政理念相符问题，则有否定态度，说它背离了税政理念。其中核心理由也是前文在讨论争论时所言及的是否符合税率、摊派问题。毫无疑问，民主评议存在这个问题，但是，基于此就把它们与现代税政截然划清界限吗？在此，借鉴柯伟民在讨论简化稽征是否有团体包征性质时的分析来说明这一问题。[①]针对有学者认为简化稽征是团体包征的说法，柯伟民分析说："先由财政当局根据政府预算，结合当前商业情形，与商会、参议会等机关团体共同确定全年应缴税额，然后由市商会根据各业经营状况向各该同业公会分配税额（全业纳税基数），最后由各业同业会向各商号确定应纳税额（个别纳税基数）。这具有团体包征的某些特征。但是在缴纳税款时，并非由商人团体代以缴纳，而是纳税人直接向财政局缴纳。这又具有直接查征的某些特征。所以说'简化稽征'并非包征和委托代征，也非完全意义上的直接查征，而是一种混合式的征收制度。"[②]直接查征是现代税政，混合式的征收，带有传统特性朝着现代税政发展的过渡形式。对于民主评议，也应该持如此中肯且符合历史的态度与评价才符合学理。

---

① 魏文享：《工商团体与南京政府时期之营业税包征制》，《近代史研究》2007 年第 6 期。
② 柯伟民：《营业税与民国时期的税收现代化(1927—1949)》，博士学位论文，复旦大学，2015 年。

第五章　政治运动与城市税收

　　1969 年底，顾准在他的"历史交代"中说："一九五〇年四五月间上海开始采用民主评议方法，已在调整税收开始贯彻之时，这时的民主评议已经服从于调整税收——这就是说，不是硬性地要求多少总税收额，层层派下去，以致实交税额超过税率，而是偏重于'照顾'，因此，只会实交额低于税率，而不会高于税率了。"① 过滤掉顾准"历史交代"的政治环境及个人叙述时的语境、处境，顾准这段话是说，自 1950 年 5 月前后，中央实施调整税收政策，民主评议方法使工商业在税收上得到照顾，实际上可能会出现交少于税率的税，进而资方得到好处。不过，顾准没说的是，1950 年 6 月后由于调整税收政策，使私营企业得到照顾，促进了私营企业的恢复与发展，进而培育、丰裕了税源，最终使政府税收在 1950 年获巨大增长，1951 年税收又取得"大丰收"。

第一节　1951 年："黄金年"与"丰收年"

　　自 1950 年 6 月实施调整工商业政策以来，政府不仅在税收政策方面给

---

① 　《顾准自述》，中国青年出版社 2002 年版，第 163 页。

予优惠待遇，还在公私关系、劳资关系等方面进行全面调整，以促进私营工商业的恢复、稳定与发展。上海市在1950年6月向中央的汇报中，列举了具体措施：在调整公私关系方面，主要是向私营工商业增加加工订货的订单、贷款、收购工厂产品，"棉纺业5月份加工量每周即可开工4日3夜（以前只2日2夜），工缴从每件纱205个单位提高到224个单位。重工业方面亦有大批订货"，"5月份人民银行贷出2300多亿，并通过贷款推动私营工厂改革"，"国营贸易公司收购厂商成品5月份达1000余亿"，还通过"调整公营贸易公司批发价格与零售价格的差额"和"一般的暂时公营零售商店之发展"的措施保护私营商业的利润。在调整劳资关系方面，通过组织成立劳资协商会议的方式，保护工商企业的生产与发展，并明示在干部及职工中说服"左"倾思想，讲明当前的劳资关系应坚持劳资两利，共同协商，团结资方，度过困难，停止包围殴打行为，并在报纸上适当地批评了包围殴打资方的现象，强调"工会、劳动局、公安局三方及时处理了包围殴打等劳资纠纷事件"，以保证劳资关系正常化，维护工商业生产改善。① 北京市为改善私营工商业的生产经营，也采取了较有力的措施：在劳资关系方面，"首先是压低或暂时压低解放后不适当地提高了的工资"，"纬织布厂，压低了19%至39%"，"瑞蚨祥从月薪290斤压低为190斤"，有的工厂企业工人店员"除资方供伙食外，自动停领工资，或缓领工资"，织染业中有的工厂"把工作时间从12小时暂时提高为13.5小时"；在公私方面，"停止增开零售店和街道合作社"，"大体规定，公私经营范围和经营比重，生活必需品，如粮、布、盐、煤、油、煤油，公家必须办理批发和一部分零售，百货的批发和零售，公家只可经营少部分"。此外，北京市还强调要"集中游资、投向生产"，在税收方面"对特别困难的行业户给予照顾、免征、减征或缓交"，对相对过剩行业，采取"限制开业""放宽歇业""在可能范围内，有计划地指

---

① 《中国资本主义工商业的社会主义改造·上海卷》，中共党史出版社1993年版，第72—73页。

导其转业"的工作方针。① 相对北京、上海等大城市，江西省城市工商业的总量不大，在采取的政策方面，有针对性提出"重点维持工商业，开导土产销路，组织转业，防止盲目发展，减缩没有前途的生产"。不过，在措施上基本是一样的：在公私关系上，照顾私营市场份额，"南昌市国营贸易的零售门市部由 7 家减为 3 家（只剩下 1 个百货门市部，2 个粮食门市部），代销店由 146 家减为 46 家，全省缩小零售店 70 余处，取消代销店 369 户（约占原有代销店 2/3）"；增加收购额，"5 月份各专业公司收购物资中投放人民币达 150 亿"；增加贷款，"银行有计划地发展了工商业贷款，5、6 月，放出 157 亿元，私营放款占 93%"；在劳资关系上，主张与资方协商等。②

这样的调整政策，当然就使陷入困境的私营工商业不仅在扩大加工订货中得到政府的扶持，而且在经营范围、价格政策、税收政策上获得了政府的照顾、实惠，各地工商业情况自 6 月后开始好转。当时有经济学家以北京市为例，用数据对此进行了说明："首先是从开歇业情况上看，六月份起开业的已逐渐增加，歇业日趋减少，甚至有些已经呈报歇业的又申请复业。例如，据北京市统计，商业四月份开业二三六户，歇业七三八户，六月份开三二九户，歇二一○户，七月份开三二五户（批准二八八户），歇一二一户（批准一四七户，内有六月份已申请者）。天津七月份工业开七七户，歇六四户，开歇相抵实增十五户，商业开三二九户，歇二七八户，开歇相抵实增五一户。上海工业方面，如纺织、针织、机器、卷烟前已核准歇业的，六月起即有前来要求复业者，六月份中新设厂商申请登记开业的共二三二家，其中工厂三十七家，商店一九五家。原先停业而申请复业者即达三十二家。开多歇少的情况七月份起已变成普遍的现象。第二是市场成交量增加了，北

———————

① 《中国资本主义工商业的社会主义改造·北京卷》，中共党史出版社 1991 年版，第 57—66 页。

② 《中国资本主义工商业的社会主义改造·江西卷》，中共党史出版社 1992 年版，第 40—41 页。

京各专业公司回笼数字五月份为五四〇亿，六月份为六〇〇亿，七月份为六六〇亿，食粮市场每日平均成交金额为一四点七亿，较六月份增百分之九，煤炭成交量实增百分之二十。私商方面也是如此，私商某百货公司六月份销货额为一亿七千万元，七月份为二亿六千万元。上海六月份的纱、米、粉、油、糖、煤及盐成交量较五月份增加百分之二五点三八，七月份更增加，到了最近，棉纱成交量每日要达一千多件，与四月份的每天只有几十件比较，真有天壤之别。第三，工商业利润一般地均增加了，根据北京市商业局六月份十八个主要行业的统计，有纯益而好转的便有十五个行业，五月份赔钱的绸布、颜料、电料、干鲜果七月起也有了纯利。市场上许多商品价格已与贸易公司牌价拉平，甚或略有超过，据调查北京一般工商业利润七月份多在百分之十左右。而四、五月份间不赔钱便要算是好的。第四，从银行存放款的变迁上看，也可以看出工商业的好转来，北京私营行庄七月二十八日存款总余额为五二三亿，较六月份增加百分之二十三，尤以钱庄业务由停滞而变为活动，较六月份增加了百分之三十六，放款总余额为二二八亿，较六月底增加百分之三十六，其中钱庄增加百分之三十七。"[1]上海市的情况也呈现大致相同的状况。表 4 显示的是 1950 年 1 月至 8 月上海市工商业开业与歇业变化。

表 4　上海市工商业开业与歇业变化（1950 年 1 月至 8 月）

（单位：户）

月份	1	2	3	4	5	6	7	8
工业								
申请停业者	159	161	243	389	502	158	50	62
申请紧缩者	40	24	23	40	103	82	40	缺
申请复工者	3	2	1	14	6	6	87	93

---

① 千家驹：《调整公私关系以后》，《人民日报》1950 年 9 月 8 日。

续表

月份	1	2	3	4	5	6	7	8
申请创设者	—	—	—	14	21	37	105	缺
商业								
申请停业者	363	297	1207	1567	2917	790	253	235
申请紧缩者	29	26	24	39	97	98	58	缺
申请复工者	3	4	3	11	22	142	165	115
申请创设者	—	—	—	59	72	195	269	缺

开业增多，说明有市场，数据也证实这一点。据京、津、沪、汉 4 大城市面粉、大米、棉纱、棉布 4 种重要物资的市场成交量统计，1950 年 10 月同 4 月相比，分别增加了 54%、289%、128%、133%；上海的米、面、棉、布、煤和食油的市场成交量，10 月同 5 月相比，增加了近 10 倍。① 商业繁荣，工业生产自然也增量。如表 5 所示，上海几种主要工业品 4 至 8 月生产量呈不断增长趋势。

表 5　上海市工业品生产指数（1950 年 4 月至 8 月）

（单位：%）

月份	4	5	6	7	8
棉纱	100	105	104	104	112
毛纱	100	102	123	133	201
火柴	100	267	247	428	386
水泥	100	141	165	177	218
面粉	100	58	199	574	524
化学碱	100	189	394	186	221
白报纸	100	68	237	424	571

① 《中华人民共和国经济史》第一卷，中国财政经济出版社 2001 年版，第 371 页。

开业歇业户、市场成交量、利润、产品生产指数这些硬数据证明市场开始复苏了，这也使私营工商业者恢复了信心，弃厂、弃店出走的工商业主们开始陆续回来了。

1950年6月前后，各城市的工厂开业、商店开门，市场活跃，工商业经济迅速恢复增长，这就使税源增加了。即使税收调整政策是让利于工商业户，1950年税收还是得到较大增长。1950年的工商税收（关税、盐税除外），不论是对比原计划（1949年11月所制定的）或调整计划（1950年6月修改的），全国各区都超额完成了，超原计划大约30%多，超过调整计划46%多。① 中财委在税务工作通报中更明细介绍了1950年工商税收情况："一九五〇年税收，原计划为183万万斤米，六月会议调整为163万万斤米，全年实收为206000亿元，合米238万万斤米，超过原计划55万万斤，超过调整计划75万万斤。全年实收货币折合美钞（每美元合人民币2.39万元）约为8.6万万元。"其中"货物税实收80645亿元，占各种税收总数的39.1%；工商业税实收85146亿元，占41.28%；其他税收实收40481亿元，占19.62%"。在时间上看，"第一季度收入占全年收入16.6%；第二季度占21.7%；第三季度占23.5%；第四季度占38.2%。收入是逐季上升的"。从大中城市看，"上海实收47975亿元，占全国税收总收入的23.28%；天津实收16599亿元，占8.06%；广州实收8378亿元，占4.07%；青岛实收6857亿元，占3.32%；武汉实收6362亿元，占3.09；沈辽实收4920亿元，占2.39%；北京实收4574亿元，占2.22%"。② 如此数据与成绩，当然说明中央实施调整工商业、调整税收政策的有效性。

应该有延续这种趋势的愿望与考虑，同时更是为了规范公私关系、私营企业的经营活动，发挥私营企业的积极性，中央人民政府在1950年12月

---

① 《中华人民共和国工商税收史长编》第一部，中国财政经济出版社1988年版，第157页。

② 《1949—1952中华人民共和国经济档案资料选编·财政卷》，经济管理出版社1995年版，第496—497页。

公布了《私营企业暂行条例》，对私营企业的设立运行、组织结构、生产经营，以及利润分配等都作出了指导性规定与意见，强调私营企业要遵循《共同纲领》相关政策，遵守相关法律，鼓励私人资本投向有利于国计民生的生产事业。宏观上看，1951 年中央对于私营工商业政策延续了 1950 年的调整工商业政策，私营工商业出现了"淡季不淡，旺季更旺"的繁荣景象，被民族资本家称为"黄金年"。在这样税源增长的基础上，只要税收工作正常进行，税收自然也是大丰收。1951 年全国税收实收 436709.77 亿元，其中货物税 161851.56 亿元，工商业税 188934.99 亿元。[①] 这个数字与 1950 年相比增长了 1 倍多，这当然是一个税收丰收年了。

1951 年，私营企业、国家税收出现了"双赢"的局面，如果考虑 1950 至 1951 年期间，新政权发动土地改革运动、镇压反革命运动以及中国政府出兵朝鲜进行抗美援朝战争，同时在国内发动了抗美援朝运动，[②] 不由得会问：这些重大的政治、军事事件难道没有对私营工商业和工商税收产生影响？毫无疑问，影响肯定是存在的，那么，它们产生了怎样的影响？哪些是"利好"的？哪些是"利空"的？如此，怎样分析工商业 1951 年的"黄金年"与税收"丰收年"的产生？它们又与后来发生的"三反""五反"有什么联系？这是下面要继续进行讨论的内容。基于本书论述主旨、相关事件的关联，将先行讨论土地改革运动与镇压反革命运动，然后讨论抗美援朝与"三反""五反"运动。

---

① 《1949—1952 中华人民共和国经济档案资料选编·财政卷》，经济管理出版社 1995 年版，第 938 页。

② 2000 年以前，一般把 1950—1951 年开始的土地改革运动、镇压反革命运动与抗美援朝运动统称为新中国成立初期或国民经济恢复时期的"三大政治运动"，现在这样的表述不常见了。这些当时发生的重大政治运动和军事事件对工商业、工商税收产生了直接或间接的重大影响，有必要把它们放在一起进行研讨。需要特别指出的是，基于本书论旨，讨论抗美援朝与税收主要是讨论抗美援朝战争爆发、进行对税收的影响，而不是一般意义上的抗美援朝运动。一般意义上的抗美援朝运动是指抗美援朝战争爆发以后，中国政府在国内发动的在物质上、道义上支持抗美援朝战争的群体性政治运动。对于工商业在抗美援朝运动中的捐献等内容会在相关部分有所讨论。

第二节　土地改革

一、土地改革与城市工商税收

实行土地改革（也称土地制度的改革或土地革命）是中国共产党实践新民主主义理论的应有之内容。1949 年 10 月以前，老解放区都实行了土地革命。对于在解放战争时期解放的地区，中共中央在七届二中全会上规定，在南方新解放区，先开展清剿土匪和反对恶霸斗争，条件成熟后再进行土地改革。《共同纲领》规定，新中国将有步骤地将封建半封建的土地所有制改变为农民的土地所有制。1949 年冬天，华北、河南等地已完成土地改革，而南方新解放区土地改革则是从 1950 年 6 月《中华人民共和国土地改革法》颁布后才大规模展开。如果从城市工商税收的结果看，似乎 1950 年在全国开展的大规模的土地改革运动对工商业产生的负面影响不大，毕竟工商业的发展、工商税收的增长数据客观存在。不过，中国近现代城市工商业者，处于传统与现代转型之中，不少工商企业户都与乡村有紧密联系，在乡村有土地、厂房、住房等资源，这种情况在城市边缘的农村更为明显。实行土地改革与保护工商业都是新民主主义政策，在《共同纲领》里都有明确要求。正因为如此，在制定新中国土地改革法规则之时，中央非常谨慎。1950 年 3 月，毛泽东从苏联回国后，针对当时广泛开展的土改运动提出，中国的土地改革要学习苏联的经验，暂时不动富农的土地，并举了三条理由，其中一条便是考虑到私营工商业："我们和民族资产阶级的统一战线，现在已经在政治上、经济上和组织上都形成了，而民族资产阶级是与土地问题密切联系的，为了稳定民族资产阶级起见，暂时不动半封建富农似较妥当的"[1]。《中华人民共

---

[1] 《毛泽东文集》第六卷，人民出版社 1999 年版，第 47—48 页。

和国土地改革法》第一条指出土地改革是"废除地主阶级封建剥削的土地所
有制，实行农民的土地所有制"，第二条明示"没收地主的土地、耕畜、农
具、多余的粮食及其在农村中多余的房屋"。考虑到农村的土地改革可能对
城市的工商业群体产生不利的影响，第四条明确提出："地主兼营的工商业
及其直接用于经营工商业的土地和财产，不得没收。不得因没收封建的土地
财产而侵犯工商业。工商业家在农村中的土地和原由农民居住的房屋，应予
征收。但其在农村中的其他财产和合法经营，应加保护，不得侵犯。"①基于
解放战争时期，各解放区土改运动中普遍发生的侵犯工商业的"左"的行
为②，为了保护工商业，中共中央对拥有土地的工商业者进行分类并加以明
确定义。1950 年 8 月 20 日，中华人民共和国政务院公布的《关于划分农村
阶级成分的决定》中规定："有其他职业收入，但同时占有并出租大量农业
土地，达到当地地主每户所有土地平均数以上者，应依其主要收入决定其成
分，称为其他成分兼地主，或地主兼其他成分。其直接用于其他职业的土
地和财产，不得没收。"③尽管这个规定及土改法的相关政策还存在一定模糊
性，但是，相关政策规定整体上表现出对工商业的保护是明白清楚的。然
而，在具体实践操作过程中，基层还是出现了较大的偏差与问题。有学者
通过对江西省南昌县的研究后指出：工商业在农村拥有土地的，其身份应该
是"工商业兼地主"不是地主，是拥有土地的工商业家，"是土改中国家保
护的对象，其成分确切的表达应该是'工商业兼土地业主'。但是，在土改
中，他们却遭受了与地主几乎无异的斗争和清算"。因为南昌县土改工作队
没有把"工商业兼地主"与"地主兼工商业"作任何区分，"在他们看来，'工
商业兼地主'就是'地主'，而不是'工商业家'"。这样的理解与操作，导
致南昌县、新建县、靖安县、高安县、进贤县等地有 330 名城市"工商业兼

---

① 《建国以来重要文献选编》第一册，中央文献出版社 1992 年版，第 336—337 页。
② 参见《中国土地改革史料选编》，国防大学出版社 1988 年版，第 229—599 页。
③ 《建国以来重要文献选编》第一册，中央文献出版社 1992 年版，第 384 页。

地主"遭到清算，遭受二次清算或多次追求清算者39人。南昌市工商业受到了影响。[1]1951年春节前后，南昌县一部分私商因资金周转不灵，在市场上失去了信用，1950年冬南昌私商在上海具有赊购信用的共30余家，1951年2月则只有3家；南昌市一些私营工商业者在春节前就已歇业，1951年1、2月份歇业的商铺达144户。[2]工商业户受到土地改革的影响，自然会影响到工商税收。中南局在1951年3月向各级的报告中说："由于农村土地改革对城市工商业不可避免的影响（工商业兼地主的退租退押，土改期间，农产上市减少）……许多城市中工商业情况（主要是商业），又趋下降，表现在货物成交量大为降低（一般降低百分之三十，多者有到百分之七十），税收亦有显著减少。"[3]为了处理土改运动中侵害工商业的问题，中南军政委员会在1951年1月发布了《关于土地改革期间处理城乡关系的决定》，要求各省县成立城乡联络委员会，设立城乡联系日常办事机构，纠正土地改革发生侵犯工商业的偏差。2月，中共中央发出《关于土地改革地区设立城乡联络委员会的指示》，肯定与推广了中南区的办法。[4]这一方面说明中央土地改革政策是保护工商业的，另一方面也说明，在土地改革中侵犯工商业是一个在全国范围内较为普遍的现象，否则中央不会向全国推广中南区的做法。伴随抗美援朝战争的进行，同时在土改政策中有强调满足贫农雇农利益与愿望的要求，这一时期的土地改革趋向激进，过度暴力现象在各地也都较普遍存在。[5]如此背景下，在农村拥有土地的工商业者在土地改革中不受到冲击是不可能的，工商税收因此受到影响也就是必然了。不过，土地改革的进行，

---

[1] 刘诗古、曹树基：《新中国成立初期土地改革中"工商业兼地主"的政治身份认定——以南昌县为例》，《中共党史研究》2011年第2期。

[2] 赵发生：《江西省城乡贸易的新情况与新问题》，《江西政报》1951年第5期。

[3] 《中国资本主义工商业的社会主义改造·中央卷》，中共党史出版社1992年版，第220页。

[4] 刘诗古、曹树基：《新中国成立初期土地改革中"工商业兼地主"的政治身份认定——以南昌县为例》，《中共党史研究》2011年第2期。

[5] 杨奎松：《新中国土改背景下的地主问题》，《史林》2008年第6期。

"使农民免除了每年给地主缴纳约3000万吨以上粮食的地租"[①]。土改后的农民是在自己的土地上进行耕种，发展生产的积极性大大提高，粮食增产，农民增收。以1952年和1949年相比，粮食总产量由11219万吨增加到16392万吨，增长46.1%；按1952年不变价格比较，全国农业总产值增长32.2%，每年平均增长率达10.9%。[②]农民的收入增加，购买力就增长，加上新政府大力开展城乡交流，扩大对农副产品的购销，自然促进了工商业的发展，进而有利工商税收增长。当时，陈云在相关报告中把扩大农副产品的购销，加强城乡交流，视为"目前活跃中国经济的关键"和"中国目前经济的头等大事"，并解释说："农副土产品卖出去了，就增加了农民的购买力，促进城市工商业的发展，减少或消灭城市的失业现象，城市购买力也跟着提高。工商业繁荣，又增加了国家的税收，减少了财政上的困难，物价更趋稳定。"[③]研究总结1951年经济增长的原因，普遍认为是在"三大购买力"增长的支持下取得，这"三大购买力"就是：农民购买力、基本建设购买力和军需购买力。农民购买力的增长，得益于土地改革。土地改革影响了城市工商户进而影响城市工商税收，但同样因为土地改革，农民增产增收，促进了工商业发展，进而使城市工商税收增长。土地改革运动对工商税收的影响，真是历史无情与有情的复杂性的"原形毕露"：新生的、增长的气势掩盖了倒闭的、被伤害的局势，数据的增长，显现出喜人的"黄金年"。

二、镇压反革命运动与城市工商税收

1950年10月10日，中共中央发出《关于镇压反革命活动的指示》，要求各级党委坚决纠正在一段时间和一些地方曾经存在的对反革命分子"宽大无边"的偏向，全面贯彻"镇压与宽大相结合"的政策，即"首恶者必办，

[①]　董志凯：《1949—1952年中国经济分析》，中国社会科学出版社1996年版，第81页。

[②]　《中国统计年鉴（1984）》，中国统计出版社1984年版，第132页。

[③]　《陈云文选》第二卷，人民出版社1995年版，第118页。

胁从者不问，立功者受奖"政策，对罪大恶极、怙恶不悛的反革命首要分子，实行坚决镇压。从 12 月开始，镇压反革命运动在全国范围内全面开展起来。[①] 实际上，中华人民共和国成立后，中共中央为了打击较为严重的敌特土匪破坏活动，在 1950 年发出了《关于剿灭土匪建立革命新秩序的指示》和《关于镇压反革命活动的指示》，但由于当时中央确定的工作重心是"为国家财政经济状况的基本好转而斗争"，强调工作"不要四面出击"，因而，镇压反革命运动没有大张旗鼓地展开。1950 年 10 月 8 日中央决定出兵抗美援朝后，便于 10 月 10 日发布指示，开展镇压反革命运动。也就是说这次镇压反革命运动，是在中央作出抗美援朝决策后布置的一次重大运动，是借着战争的"锣鼓"声，敲打起镇压反革命运动的"锣鼓"，进而轰轰烈烈地在全国开展起来。在城市开展镇压反革命运动，一般是采取一套较为有序的程序，有组织有计划地进行：成立组织机构、收集信息材料、审查材料、确定逮捕名单、逮捕、控诉和审理、判决处理。但是由于短时间调集人员众多，逮捕及处置的"反革命"数量也不少，加上新闻宣传，对城市的震动应该不小。以上海为例，各级成立了相应的组织机构，通过登记、收集、侦察得到的信息材料进行逮捕，为了制造声势，还把 4 月 27 日定为大逮捕日，当晚午夜 12 点在全市范围实行大逮捕，这一次就调集了 35889 人，其中部队 14446 人，警察 9494 人，机关干部、工人、学生和青年群众 11949 人，分成 4445 个小组进行抓捕工作，到第二天早上 8 点行动结束，共抓捕 8359 人，加上其后一周陆续捕获的，此次行动共逮捕 9010 人，算上 1 月至 4 月 27 日以前逮捕的 7282 名，共逮捕了 16292 人。[②] 判决方面，在 4 月 30 日一天便枪毙了 285 人；[③] 从 1951 年 5 月 1 日到 9 月 15 日，共判决反革命案犯 9614 名，

---

① 《建国以来重要文献选编》第一册，中央文献出版社 1992 年版，第 420—423 页；《中国共产党的七十年》，中共党史出版社 1991 年版，第 286 页。

② 熊月之主编：《上海通史·当代政治》第 11 卷，上海人民出版社 1999 年版，第 43—48 页。

③ 易庆瑶主编：《上海公安志》，上海社会科学院出版社 1997 年版，第 106 页。

处罚情况见表 6 和表 7。

表 6　9614 名反革命分子身份分类和死刑统计（1951 年 5 月 1 日至 9 月 15 日）

身份	人数	死刑	身份	人数	死刑
特务	4395	975	流氓	124	
恶霸	1710	418	反动党团	237	
反动会道门	55	29	反动军官	64	
惯匪	630	247	其他	661	31

表 7　9614 名反革命分子判刑情况（1951 年 5 月 1 日至 9 月 15 日）

刑罚名称	人数	百分比（%）	刑罚名称	人数	百分比（%）
死刑	1931	20	有期徒刑	5010	52.2
死刑缓期两年	219	2.2	管制	1247	13
无期徒刑	524	5.6	保释	685	7

　　这样规模的镇压反革命运动，对上海肯定有一定震动。但是，正如有学者研究指出那样，一年左右的镇压反革命运动，重点打击的是对新政权构成威胁的各种旧势力，包括土匪（匪首、惯匪）、特务、恶霸、国民党党团及军警政骨干分子、反动会道门头子以及曾经杀害中国共产党党员或给中国共产党造成严重损害的分子，"从而极大地树立起共产党的权威，牢牢地稳固了新生政权的政治地位"①。虽然有学者研究指出："镇压反革命运动高潮中被大量处决的那些原来与国民党有瓜葛的，甚至有反共罪恶的人，绝大多数不会是誓死负隅顽抗的死硬分子、现行反革命犯罪分子，而是愿意接受新社会秩序的、历史上对抗过中共民主革命的、原国民党政治营垒的各式骨干分子。他们已经转变身份，成为原国民党政权遗留下来的政治遗民，而不再具备国民党遗留在大陆的反革命残余势力的政治特征。"②但是，就本书所旨，从现有研

---

① 杨奎松：《新中国"镇压反革命"运动研究》，《史学月刊》2006 年第 1 期。

② 李良玉：《关于镇压反革命运动的几个问题》，《南京晓庄学院学报》2013 年第 5 期。

究与资料上看，无法确定有多少从事工商业者涉及其中。由于镇压反革命运动整体上来说会有利于政权巩固、社会秩序稳定，进而有利于市场运行，同时考虑到1951年最终结果是工商业繁荣、工商业税增长，这样，认定镇压反革命运动对工商业发展及工商税收是"利好"因素或许是较符合史实的判断。

第三节　抗美援朝与增产节约运动

一、抗美援朝运动时期

1950年6月，朝鲜战争爆发；10月，中国决定出兵朝鲜抗美援朝。在1950年至1951年，战争导致军需及国防建设需求量增大，进而刺激了相关产业生产。有研究指出，1951年上海经济的增长，主要是在"三大购买力"（农民购买力、基本建设购买力、军需购买力）增长的支持下取得的。"三大购买力集中上海，上海货的销路不断扩张。1951年第三季度的销量，与上年同期相比，肥皂和面粉增加70%以上，文化和工商用纸增加85%以上，火柴增加60%以上……水泥增加1.8倍，汽车轮胎增加7.5倍……上海商业批发总额，1951年比上年提高60.5%，零售总额提高43.8%。"上海工业生产也迅速增长："与1950年相比，1951年上海的棉纱产量增加了21.5%，棉布产量增加了40%。私营工业产品如纸张、面粉、水泥、金笔、肥皂、搪瓷面盆、钢材、胶鞋、火柴、毛巾等，产量增加了30%—100%，其中水泥和钢材的产量已超过了解放前最高年产量。……电解铜产量增长达77倍。上海的工业用电量增加了44.6%，工业总产值增加了54%。"[1] 产销两旺，当然会使上海私营工商业得到很大的盈余，与1950年比较，1951年上海私营工业盈余总额增加219.3%，私营商业盈余总额增加85.4%。在这样的利润

---

[1]　熊月之主编：《上海通史·当代经济》第12卷，上海人民出版社1999年版，第57—58页。

刺激下，申请开业的工商业户全年实增 17263 户。①

战争有造成军需进而刺激经济发展的一面，但是，战争更有"吞噬"财政、影响经济的一面。抗美援朝战争爆发后，战争费用持续增长，财政部不得不三次调整 1951 年度国家预算："一次是一九五一年二月全国财政会议时讨论调整的；一次是三月十一日因国防建设、其他各种建设事业以及全国编制人员事业费用的追求而调整的；一次是六月十三日因国防费预算增大及工商业发展税收增加而调整的。"② 原预算与三次调整数字的变化与比较如表 8 所示。

表 8　1951 年国家预算与三次调整数字的变化与比较

（单位：亿元）

	总收入	总支出	赤字
中央人民政府委员会通过的概算	622044.00	695011.00	72967.00
二月全国财政会议调整的执行计划	683833.00	724458.37	40625.37
三月十一日调整的执行计划	726834.00	825021.58	98187.58
六月全国财政会议调整的执行计划	862148.00	964067.00	101919.00

战争状态，任何一方都是以胜利为唯一目的，为了胜利，战争财政必然实行按出为入原则。如此，战争支出费用一次次提高，反向则要求国家财政收入要不断提高，要增加收入，税收自然是最主要渠道。③ 表 9 和表 10 是

① 《上海资本主义工商业的社会主义改造》，上海人民出版社 1980 年版，第 97 页。

② 《1949—1952 中华人民共和国经济档案资料选编·财政卷》，经济管理出版社 1995 年版，第 790 页。

③ 抗美援朝期间，虽然中国向苏联贷款了数额不小的资金，但长时间的战争需要的费用是巨大的，主要还是要以国内财政解决。参见《周恩来传》下卷，中央文献出版社 1998 年版，第 996 页；《周恩来年谱（1949—1976）》上卷，中央文献出版社、人民出版社 1997 年版，第 258 页。

1951年度预算收入支出数（2月全国财政会议通过的）与1950年度实际收入支出数比较。[①]

表9　1951年度预算支出与1950年度实际支出比较

支出科目	1950年各项实际支出占总支出（%）	1951年各项支出占总支出（%）	1951年支出比1950年支出增减（%）
国防支出	44.15	49.51	47.14
经济建设支出	24.00	18.60	15.42
行政管理费支出	17.36	15.78	22.03
社会文教事业支出	7.64	7.06	23.01
……	……	……	……
总计	100.00	100.00	42.39

表10　1951年度预算收入与1950年度实际收入比较

收入科目	1950年各项实际收入占总收入（%）	1951年各项收入占总收入（%）	1951年收入比1950年收入增减（%）
农业税	28.82	21.57	19.11
各项税收	30.83	40.40	36.51
国营企业利润及折旧收入	11.87	12.82	72.64
……	……	……	……
赤字	8.90	12.44	71.20
总计	100	100	42.39

由上表可知，1951年预算支出在比例上增长的只有国防开支，预算收入增加的就是税收（除农业税）；而且比例增长数都超过了总量增长数，这

[①] 《1949—1952中华人民共和国经济档案资料选编·财政卷》，经济管理出版社1995年版，第790—791页。

也意味着 1951 年的税负比 1950 年更大。这还是 2 月份的预算比较，如果以 6 月份的预算来进行对比，国防开支、税收收入的数据还要大幅度增加。税负预算增加，落实到税收工作，各省市税收任务自然要增加。

增加税收收入也是中央在抗美援朝开始后财经工作的方针之一。陈云在 1950 年 11 月召开的第二次全国财政会议上明确指出，抗美援朝开始后，财经工作的方针，第一是服务战争。"战争第一，这是无疑问的。一切服从战争，一切为了战争的胜利"，"第二应该是维持市场，求得金融物价不要大乱；第三才是其他各种带投资性的经济和文化的支出"。① 为了战争胜利，在财政上就得增加收入，而增加收入无非就是印钞票、发公债和增加税收三种方法。根据以往经验，陈云认识到多印钞票会引发物价上涨、市场不稳，"是很危险的事"，而发行公债"搞不了多少"，且"工商业家意见很大"。这样，增加税收成为唯一选项。其实，陈云把"维持市场"作为财经工作方针的第二个目标，就意味着否定了多印钞票，选择了增加税收。所以他说，"对收入用'挤牛奶'的办法"，"各级政府及税收机关要加紧收税"。②"挤牛奶"的具体办法是：适当增加农业税；对酒和卷烟用纸实行专卖；开征契税，增加若干产品货物税和进、出口税。而增加农业税，农民的负担就增加了，为了解决这个问题，陈云提出扩大农副土特产品购销，要求各级政府积极组织城乡交流，收购农村的土特产。"农民有钱就买工业品，农村活了，城市活了，税收亦增加了"，"城乡交流实质上就是收税，收来的税就是为了抗美援朝，作为军费"。③ 陈云还提出了增加税收的一个重要途径，就是"堵塞"税收中的"漏洞"。他指出："地方漏税百分之十五到三十，这个估计不算多。汉口市检查了一下，各月一般漏税在百分之三十。应该想办法堵塞这个漏洞。做好了，也是一笔很大的收入。因此要加强税收机关工作，提高税务人

① 《陈云文选》第二卷，人民出版社 1995 年版，第 112 页。
② 《陈云文选》第二卷，人民出版社 1995 年版，第 114、117 页。
③ 《陈云传》上，中央文献出版社 2005 年版，第 731—733 页。

员的质量。"①陈云的上述讲话是在 1950 年 11 月讲的，他当时显然没有想到，为了战争 1951 年上半年就不得不连续 3 次上调 1951 年的预算，6 月的预算比最早的预算支出增长近 40%。上调预算当然是基于形势所然，1951 年 4 月，财政部在总结 1951 年第一季度收支情况的报告中说："各项税收虽已超过，但与支出相比，差额很大，中央全部收入，尚不足国防费支出。"②资料显示，1951 年抗美援朝的支出占全年财政收入的 57%；③而在 1950—1952 年的三年间，最终军事国防费用支出分别占财政总支出的 38.19%、45.64%、32.23%，经济建设支出分别占财政总支出的 30.39%、30.34%、42.40%。④正是基于抗美援朝花费了中国如此大比例的财政支出，在对比日本和台湾地区因朝鲜战争带来"特需景气"使经济得以恢复的现象后，有学者评论说，中国"被迫投入了这场战争，承受的是牺牲和消耗"⑤。也就是说，这场战争对国内经济的恢复与拉动相对牺牲和消耗而言不值一提。也有学者从财政支出、投资的角度认为，抗美援朝对中国经济产生了较大的消极影响。⑥

二、增产节约运动时期

抗美援朝开始之时，陈云在财政工作部署中明确指出，要在战争胜利、市场稳定与经济建设三项中分一个先后次序，即战争第一、市场第二、经济投资建设第三。他说："要在照顾第一、第二之后，剩有多少钱，

---

① 《陈云文选》第二卷，人民出版社 1995 年版，第 117 页。

② 《1949—1952 中华人民共和国经济档案资料选编·财政卷》，经济管理出版社 1995 年版，第 1184—1185 页。

③ 《陈云传》上，中央文献出版社 2005 年版，第 733 页。

④ 《1949—1952 中华人民共和国经济档案资料选编·综合卷》，中国城市经济社会出版社 1990 年版，第 872、885、905 页。

⑤ 董志凯：《1949—1952 年中国经济分析》，中国社会科学出版社 1996 年版，第 355 页。

⑥ 沈志华：《中国出兵朝鲜决策的是非和得失——50 年后对朝鲜战争历史的考察和反思》，《二十一世纪》2000 年 10 月刊。

便办多少事。……做了第一才可以做第二，做了第一和第二才可以做第三，而不是想做什么就做什么。"① 然而，抗美援朝的持续，使中国财政面临巨大困难，需要重新设计应对方式。随着敌我双方的反复较量，"毛泽东对朝鲜战争规律的认识逐步深化，准备长期作战思想更加明确"，进而提出了"战争准备长期，尽量争取短期"的抗美援朝战争总的指导方针。1951 年 6 月，毛泽东提出："总的方针是'充分准备持久作战和争取和谈，达到结束战争'，战略方针是'持久作战，积极防御'。"②1951 年 8—10 月，"联合国军"发动了"夏季攻势"和"秋季攻势"，尽管志愿军英勇作战，使"联合国军"损失惨重，但战争的持久状态更加明显了。就在"联合国军"发动"秋季攻势"之时，1951 年 10 月 5 日，中共中央召开了政治局扩大会议。

这次中央政治局召开扩大会议，中心议题是朝鲜战局的各项问题，其中就包括如何解决财政困难的问题。基于要面对战争长期性的判断，毛泽东提出了"战争必须胜利，物价不许波动，生产仍须发展"的方针。这一方针，与陈云 1950 年 11 月提出的已有改变。当时，陈云提出的是"保一争二"，一切为了战争胜利的前提下维护市场、物价稳定，然后在有条件的情况下，再搞点生产投资。毛泽东提出三个目标都要保、要争，这是根据抗美援朝战争局势变化而提出的具有战略性的方针。道理很简单：只有发展生产才能够支持持久战争。何况作为新政权，只有发展生产，经济建设才有新气象，制度的优越性才能体现，政权才能安定。问题是建设也需要钱，钱从哪来？在这次政治局扩大会议上，为落实毛泽东提出"战争必须胜利，物价不许波动，生产仍须发展"的方针，决定主要从五个方面解决财政困难："节约兵力，整编部队；精简机关，精简人员；收缩开支，清查资材；提倡节约，严禁浪费；组训民兵，准备实行义务兵役制。"③ 其中最重要的两方面便是减

---

① 《陈云文选》第二卷，人民出版社 1995 年版，第 115 页。

② 《毛泽东年谱（一九四九——一九七六）》第一卷，中央文献出版社 2013 年版，第 359 页。

③ 《毛泽东传（1949—1976）》，中央文献出版社 2003 年版，第 203—204 页。

员缩编和提倡节约。明确"节约兵力，整训部队。全国兵员从610万人减至465万人"；为了落实"提倡节约，严禁浪费"，"要求各地从11月起开展全面增产节约运动"。① 为了有效推动增产节约运动的开展，中共中央成立了以薄一波为主任的中央人民政府节约检查委员会，党内也成立了相应的组织机构。1951年12月5日，中央书记处会议决定成立下列委员会：中央复员委员会，主任周恩来；中央节约委员会，书记薄一波；中央党派团体节约委员会，主任朱德。② 各中央局及其下属省市委亦相继成立了各级增产节约委员会、分会和支分会。一场全国性的增产节约运动，已成为1951年底中共中央计划的中心工作。1951年11月20日，《人民日报》刊发了题为《开展增产节约运动是国家当前的中心任务》的文章，华北局传达了中共中央提出的1952年三大任务是"增产节约、抗美援朝、思想改造"。③ 把"增产节约"排在"抗美援朝"的前面，多少说明财政的困难与新政权关注的重心。

中国共产党在革命战争年代的各个时期为克服财政经济困难，就把"增产节约"作为重要方法：土地革命战争时期是这样；抗日战争时期，以延安为中心开展轰轰烈烈的"大生产"运动，更为典型；解放战争时期，东北解放区在工矿企业中广泛开展"创造劳动新纪录运动"。1949年12月，陈云在相关报告中指出：为了解决财政困难，政府既要"努力整理税收"，同时"决定在政府机关和部队中厉行节约，增加生产"。④1950年3月，中央人民政府公布的《关于统一国家财政经济工作的决定》指出，所有国家工厂和企业"必须实行原料消费的定额制度，铲除囤积材料的浪费行为。……严惩贪

---

① 薄一波：《若干重大决策与事件的回顾》（上），中共中央党校出版社1991年版，第139页。

② 《我们认识的一波同志——薄一波百年诞辰纪念文集》，中共党史出版社2009年版，第277页。

③ 杨奎松：《毛泽东与"三反"运动》，《史林》2006年第4期。

④ 《陈云文选》第二卷，人民出版社1995年版，第35页。

污浪费人员。全国均应节省一切可能节省的开支"①。1950 年 6 月，毛泽东在党的七届三中全会上作《为争取国家财政经济状况的基本好转而斗争》报告，指出："要获得财政经济情况的根本好转，需要三个条件，即：（一）土地改革的完成；（二）现有工商业的合理调整；（三）国家机构所需经费的大量节减。"② 增产节约成为经济恢复与发展工作的重要内容之一。抗美援朝后，随着军费开支的增长，增产节约运动自然被更加重视。1951 年 10 月，中共中央政治局扩大会议召开后，毛泽东在 10 月 23 日的中国人民政治协商会议第一届全国委员会第三次会议上发表《三大运动的伟大胜利》的讲话，指出：为了继续进行抗美援朝，"为了继续坚持这个必要的正义的斗争，我们就需要继续加强抗美援朝的工作，需要增加生产，厉行节约，以支持中国人民志愿军。这是中国人民今天的中心任务"③。中共中央已然决心要开展一场全国性的增产节约运动。

为解决财政困难，支持抗美援朝战争的胜利而开展的增产节约运动，演进到以轰轰烈烈"三反""五反"运动为中心的增产节约运动，从理论逻辑、实践操作上并非必然之选择。通过鼓励加班加点努力生产、改进技术提高效率以增加生产，通过减少开支、提高管理等手段以实现节约也都是解决问题的选项，历史上也有抗战延安时期"大生产"运动的经验。实际上，中央决定开展增产节约运动后，《人民日报》于 11 月 20 日发表社论《开展增产节约运动是国家当前的中心任务》，提出增产节约要从十个方面进行，其中主要都是生产管理、技术提高等非政治运动的方式方法：清产核资，加速流动资金的流动，杜绝基本建设中的浪费，提高设备的利用率和产品的合格率，降低成本，提高农田单位面积的产量等。④ 由于增产节约运动迅速转变到以

---

① 《中共中央文件选集（一九四九年十月——一九六六年五月）》第二册，人民出版社 2013 年版，第 192—193 页。

② 《毛泽东文集》第六卷，人民出版社 1999 年版，第 70 页。

③ 《毛泽东文集》第六卷，人民出版社 1999 年版，第 184 页。

④ 《开展增产节约运动是国家当前的中心任务》，《人民日报》1951 年 11 月 20 日。

政治运动为中心方式进行，这些非政治方式的增产节约方法在 1952 年下半年后才展开，从实施效果看，也取得了不错的成绩。①

增产节约运动迅速演进到以"三反""五反"运动为中心内容来进行，是因为毛泽东认可与推广了高岗在东北开展的将增产节约与反贪污斗争联系起来的做法。就在毛泽东政协讲话发表几天后，高岗在东北局干部会议上作报告，首次提出了"反贪污、反浪费、反官僚主义"的"三反"概念，并将增产节约问题与之联系起来。毛泽东看到高岗的报告后，立刻认识到这样的结合与联系，可以"一箭双雕"，既可推动增产节约运动，又可以解决进城后干部队伍里存在的贪污腐化问题。② 所以他很快就高岗的报告作出批示，说"中央认为这个报告是正确的"，要求各级党委"重视这个报告中所述的各项经验，在此次全国规模的增产节约运动中进行坚决的反贪污、反浪费、反官僚主义的斗争"。他还明示："在展开这个运动和这些斗争之后，每一部门都要派出必要的检查组检查所属的情况，总结经验，向上级和中央作报告。"③ 毛泽东的这个批示是 11 月 20 日作出的，23 日，《人民日报》便发表社论宣布："增产节约运动的最大敌人，是贪污浪费和官僚主义。如果贪污浪费现象不能肃清，不但会断送一些干部的前途，而且会妨碍资金的积累，妨碍新民主主义制度的巩固。因此，全国各地都应该迅速行动起来，展开一个坚决反对贪污的斗争，来彻底消灭一切贪污现象。"这样，增产节约运动便演进到以"三反"为中心内容了。

"三反"运动不是本书所要讨论的问题，以本书论旨而言，所要关注的是"三反"运动对城市工商税收的影响。"三反"运动影响最直接的是税务机构的工作人员，尤其是机构中的"旧职人员"。"三反"运动的发动是为了解决

---

① 《中华人民共和国经济史（1949—1952）》第一卷，中国财政经济出版社 2001 年版，第 411—423、431—437 页。

② 杨奎松：《毛泽东与"三反"运动》，《史林》2006 年第 4 期。

③ 《毛泽东年谱（一九四九——九七六）》第一卷，中央文献出版社 2013 年版，第 422 页。

新政权建立后不久出现的较为严重的干部贪污腐化问题，运动的目标是各级党政机构及国营企业干部和工作人员。税收机关作为政府部门，与其他机构一样存在着一些共性的问题，如请客送礼、铺张浪费以及领导干部中有居功自傲、官僚主义的问题；但是，正如李予昂所说，由于"税务机关分布全国，工作人员众多，每日每时都和广大的纳税人——工商界来往，并接触着钱财"，很容易"便会接受周围恶劣思想的引诱，受贿、贪污之后，势必生活腐化，包庇走私。其结果就要造成国家税收的损失，妨害抗美援朝与国家建设事业的进展"。虽然，新中国成立以来，"各地区的税务机关，曾不止一次地进行了反贪污斗争，贪污分子数目之多是惊人的。我们的税务工作队伍中，存在着一批（不少的一批）隐蔽的可耻的为满足私利不惜损害国家利益的贪污分子；其中还有一些是经不起考验，受了资产阶级腐朽思想侵蚀而堕落蜕化的老干部。这是十分严重的现象"。所以，"税务机关应该是'三反'的重点之一"。① 据学者研究，全国各地区、各部门"三反"运动中揭露出来的贪污事实表明，贪污问题严重的机关，"一是直接主管或经手现款、物资、粮食的部门和单位，如后勤、财经部门和管理仓库、材料的单位。二是权力的机关，如公安机关、税务部门、法院等"②。既然税务局是贪污问题严重的机关，那么，税务机关成为"三反"运动的重点单位之一也没有什么意外了。

截至 1952 年 2 月底，北京税务局打倒大小"老虎"129 人，其中"大老虎"30 人，"中老虎"14 人，"小老虎"76 人。这些"老虎"只有 1 人是老干部（来自老区），其余均为留用人员。而整个北京市税务局在"三反"中查出的贪污分子（包括贪污金额没有达到"老虎"指标的），95% 以上都是留用人员。其中最严重的贪污案件是以林诚为首的大贪污集团，收受贿赂

---

　　① 李予昂：《为坚决彻底肃清税务机关的贪污、浪费、官僚主义而斗争》，《人民日报》1952 年 1 月 29 日。

　　② 孙瑞鸢：《三反五反运动》，新华出版社 1991 年版，第 23—24 页。

3.4亿多元，致使国家税收仅在货物税漏税就达300亿元。[1]

1952年3月，上海市在"三反"中设定的"打虎"预算中，财税系统预算要打的"大虎""小虎"数量位列第二，远高于市政、公安、工商、银行。[2]而此前在2月，上海市税务局、财政局局长顾准因"违反党的政策方针，在思想上、组织上与党对抗，虽历经教育仍毫无改进；思想恶劣，阻碍三反运动"被撤销一切职务。[3]从这个内容看，并不符合"三反"所定的"三毒"，如此处理，说明了相关部门对税务机构的态度。

南昌市在"三反"运动开始后不久就公开处理的一个大案是南昌市税务局旧职人员"刘锡骥等六十人集体大贪污案"。1952年1月6日，南昌市人民法院在八一体育场召开有党政军各界群众3万余人参加的宣判大会，判处市税务局集体贪污首犯刘锡骥、文辉死刑。刘锡骥为南昌市税务局留用的旧职人员，被安排在第二支局负责间接税部分工作，在1950年8月就发现有贪污行为，在侦察、审讯时，进而发现是一个集体贪污，后被定名为"刘锡骥等六十人集体大贪污案"。会后，刘锡骥、文辉两名主犯押赴刑场执行枪决。[4]对旧职人员的"三毒"行为不手软，对老干部中的错误也不客气。1952年5月24日，南昌市政府发布通知撤销了南昌市税务局局长刘彦的职务，列举的原因有："严重的官僚主义作风，忽视政治领导"；"个人英雄主义，自以为是，瞧不起人，不尊重领导"；"生活腐化堕落，品质恶劣，有严重的资产阶级思想，闹派场"。[5]档案资料显示，南昌市税务局参加"三反"

---

① 王顺生、李军：《"三反"运动研究》，中共党史出版社2006年版，第62页。

② 熊月之主编：《上海通史·当代政治》第11卷，上海人民出版社1999年版，第60页。

③ 蒋贤斌：《出走：顾准思想研究》，福建教育出版社2010年版，第42—45页。

④ 南昌市税务局：《送贪污分子何求、刘锡骥于法院判处》，南昌市档案馆藏档，档案号1124—1—48，第37—38页；南昌市税务局：《南昌市人民政府税务局发生事故记录表（1950年1至9月）》，1950年，南昌市档案馆藏档，档案号1124—1—43，第17页；江西省人民政府：《关于南昌市税务局刘锡骥等六十人集体大贪污案通报》，《江西政报》1951年第12期。

⑤ 南昌市人民政府：《为前市税局局长刘彦同志所犯错误给予撤职处分的通知》，1952年5月，南昌市档案馆藏档，档案号1124—3—3，第55页。

运动的人数为 328 人，截至 1952 年 7 月之前清理出有贪污的人员为 70 人，占总人数的 21.3%，贪污金额及处理详情如表 11、表 12 所示。①

表 11　南昌市税务局贪污人数贪污金额统计（1952 年 7 月）

贪污金额	人数	金额（元）	备注
100 万元以下	40	9958960	
100 万—1000 千万元	22	101905000	
1000 万—5000 千万元	8	165517700	
5000 万元以上	0	0	
合计	70	277381660	

表 12　对南昌市税务局贪污分子处理情况统计（1952 年 7 月）

项目		合计		100 万元以下		100 万—1000 万元		1000 万—5000 万元	
		人数	占总数（%）	人数	占总数（%）	人数	占总数（%）	人数	占总数（%）
行政处分	警告	2	0.6			2	0.6		
	记过	8	2.4			8	2.4		
	降级	2	0.6					2	0.6
	降职								
	撤职	9	2.7			6	1.8	3	0.9
	开除	2	0.6			2	0.6		
	暂未处理	3	0.9			3	0.9		
	小计	26	7.8			21	6.3	5	1.5
免予行政处分		40	12						

①　南昌市税务局:《一九五二年工作总结》，1952 年，南昌市档案馆藏档，档案号 1124—3—2，第 65 页。"刘锡骥等六十人集体大贪污案"因为是在 1950 年 8 月就发现，1951 年审判，故而没有列入这两个统计表。

续表

项目		合计		100 万元以下		100 万—1000 万元		1000 万—5000 万元	
		人数	占总数（%）	人数	占总数（%）	人数	占总数（%）	人数	占总数（%）
刑事处分	机关管制	3	0.9					3	0.9
	劳动改造	1	0.3			1	0.3		
	小计	4	1.2			1	0.3	3	0.9
免予刑事处分		66	19.8	39	11.7	22	6.6	5	1.5

资料显示，1952 年 1 月至 5 月间，有 53 名人员调离了南昌市税务局，包括 1 名局长、9 名科长、8 名股长。[①] 虽然有些人员的调动并没有降职降级，但是，如此大规模的调动（约占市局人员的 1/7），与"三反"运动应该有关。面对南昌市税务局"三反"中如此状况与情形，市税务局人事部门在年底总结干部人事工作报告"干部思想作风检查"部分，系统列举了税务局干部中存在非无产阶级的错误思想，达九项之多：一是豪华靡费；二是损公肥私，唯利是图；三是巧取豪夺，欺骗诡诈；四是阶级观点模糊，失去了敏感的政治嗅觉；五是自私自利，个人主义；六是骄傲自满，个人英雄主义；七是不问政治的清高思想；八是作客思想，雇佣观念；九是命令主义，违法乱纪。[②]

"三反"运动中税务机关成为"重灾区"应该是一个普遍现象。南京市总结"三反"后的情况也显示："从人数上看，现在已暴露的如人民银行贪污分子占总人数的 40%；税务局占全部留用人员的 70%，有一个分局从局长到文书全部贪污。"[③] 中南区税务管理局所属各省市 1952 年"三反"运动

① 南昌市税务局：《调走干部登记名册》，1952 年，南昌市档案馆藏档，档案号 1124—3—42，第 39 页。

② 南昌市税务局：《一九五二年人事工作总结》，1952 年 12 月，南昌市档案馆藏档，档案号 1124—3—6，第 29 页。

③ 《"三反"、"五反"运动·江苏卷》，中共党史出版社 2003 年版，第 273 页。

开始时实有干部为 47604 人，到同年"五反"运动结束时，税收干部则为 44177 人。[①] 直接减少了 3427 人，比例达 7.2%。考虑到这个统计的时间，其中多数应该是因"三反"被清理出税收系统的。这只是直接加减得出的数据，如果考虑到减少人员后，因工作需要又必定会招入人员的情况，"三反"时被清理出税务系统的人数会更多。

"三反"运动对税务机关的日常工作冲击影响很大，随着"五反"运动的发动与进行，税务机关的工作人员又投入到这个运动中去了。在"五反"运动中他们主要从事检查工商业户"偷税漏税"工作，正常的税收工作受到了较大影响。资料的原因，详细地评估讨论"三反"对税收工作的影响有困难。不过，从邓小平 1952 年 2 月 22 日写给毛泽东、中央及陈云、薄一波、李富春的电报中所反映的情况，可以大致推断出影响程度。在电报中，邓小平提道："三反"后，工商业出现停滞现象，导致税收大幅度下降，一些财经机构垮了。过去，许多事情是留用人员或新招收的知识分子负责，"三反"以后他们中将有一大批不能继续再用，而暂时又无人接替工作，"好多税局已经垮了"[②]。"三反"运动对国营工商企业的影响当然也是巨大的。"三反"运动一开始，一些工业品交易萎缩，出现供大于求现象。从 1951 年 12 月下旬到 1952 年 1 月中旬，国营贸易公司贸易额由每天平均 3000 亿元下降到 1800 亿元，而此时正值春节期间；到 2、3 月间，国营贸易公司贸易额进一步下降到每天平均 700 亿元。铁路交通运输量也反映出市场交易萎缩。当时铁路装车量每天可以达 13000 个车皮，但是，1952 年 1—3 月最低时是每天只有 7000 个车皮。[③] 国营企业生产、经营减少，这样当然直接影响到了工商税收。

从"三反"到"五反"的推进自然是顺理成章的，只要分析、追踪贪污腐化现象的来源与方式，私营工商业阶层便浮出水面。1951 年底，华东局

---

① 《中华人民共和国工商税收史长编》第三部，中国财政经济出版社 1988 年版，第 15 页。

② 《邓小平文集（一九四九——一九七四年）》上卷，人民出版社 2014 年版，第 340 页。

③ 《陈云传》上，中央文献出版社 2005 年版，第 797—798 页。

在向中央汇报开展"三反"斗争的报告中指出，党内干部的贪污腐败情况"往往是由非法商人从外部勾结而来的，因此必须注意调查奸商"，主张发动群众检查控告不法商人，"对证据确凿的罪大不法商人，亦应严加惩处"；华北局在汇报中也有同样的反映。对此问题，毛泽东明确表示，是时候向不法商人进行斗争了。[①]1952年1月，北京市委在关于"三反"斗争的报告中指出："在工商界方面，主要是贿买和沟通工作人员，偷税漏税，偷工减料和对公家高卖低买，而最普遍的是用'回扣'、'送礼'等方式来勾引工作人员贪污。"[②]鉴于这些情况，北京市委采取的方法是：对于主动坦白有偷税漏税行为的，除补缴1951年漏税外，不再罚款；否则，查出后将追缴解放以来全部漏税，并照章罚款；逮捕抗拒、破坏"三反"运动的贪污、行贿分子。毛泽东对此给予完全肯定，并批示说，在"三反"斗争中"一定要使一切与公家发生关系而有贪污、行贿、偷税、盗窃等犯法行为的私人工商业者，坦白或检举其一切犯法行为，特别注意在天津、青岛、上海、南京、广州、武汉、重庆、沈阳及各省省城用大力发动这一斗争，借此给资产阶级三年以来在此问题上对于我党的猖狂进攻（这种进攻比战争还要危险和严重）以一个坚决的反攻，给以重大的打击"[③]。1952年1月26日，中共中央发布《关于首先在大中城市开展"五反"斗争的指示》，要求"全国一切城市，首先在大城市和中等城市中，依靠工人阶级，团结守法的资产阶级及其他市民，向着违法的资产阶级开展一个大规模的坚决的彻底的反对行贿、反对偷税漏税、反对盗骗国家财产、反对偷工减料和反对盗窃经济情报的斗争"[④]，以配

---

① 薄一波：《若干重大决策与事件的回顾》（上），中共中央党校出版社1991年版，第162页。

② 《毛泽东年谱（一九四九——一九七六）》第一卷，中央文献出版社2013年版，第464—465页。

③ 《毛泽东文集》第六卷，人民出版社1999年版，第192页。

④ 《中共中央文件选集（一九四九年十月——一九六六年五月）》第八册，人民出版社2013年版，第45页。

合"三反"运动。随后,"五反"运动在全国大中城市陆续展开。

尽管中央提出的是要向"犯法的资产阶级"进攻,毛泽东在谈话中也强调"这不是对资产阶级的政策的改变,目前还是搞新民主主义,不是社会主义","违法不违法,对资产阶级是一个政治标准"。① 但是在实际操作中,则是向着整个资产阶级而去了。1952 年 2 月 23 日,中宣部在《关于西安〈群众日报〉发生右倾错误的指示》中批评了将正当工商业者和工人店员平列的做法,认为这是资产阶级右倾思想,解释的理由是"中央历次指示指出,目前的'三反'运动和'五反'运动是我们(工人阶级和共产党)对于资产阶级猖狂进攻的坚决回击"。

"五反"运动的开展是以群众运动为主要形式,设有时间规定,以派"工作队""检查队"和发动工人店员的方式"内外夹击"进行,并责令资本家不准停厂歇业以逃避运动。这样,轰轰烈烈的运动一开展,对无退路可逃的私营工商业阶层便造成了极大"杀伤力"。被中央派到上海指挥"五反"工作的薄一波在后来的文章中就说:"1952 年 2 月 25 日我到达上海。我去之前,上海的'五反'实际上已经开始,而且火力极为猛烈,逮捕了 200 多人,报刊宣传仍在升温,空气很紧张。"② 为了缓和局势,同时维护经济形势,中央决定上海推迟"五反"运动,并制定相关纪律,但是,由于运动的群众性与全面性,局势并没有缓和多少。从运动的准备布置来看,事先有强大的宣传造势,对资产阶级的两面性、黑暗腐朽以及暗害志愿军、有组织的猖狂进攻等进行全面揭露与报道;进而,组建强大的"五反"工作队伍,地毯式地对所有私营工商业进行检查。据统计,上海组建的"五反"工作队,其中有中队 188 个,小队 4323 个,五反支会 3028 个;队伍中有中队长 424 人,小队

①　薄一波:《若干重大决策与事件的回顾》(上),中共中央党校出版社 1991 年版,第 167 页。

②　薄一波:《若干重大决策与事件的回顾》(上),中共中央党校出版社 1991 年版,第 170 页。

长5709名，队员71814名。[①]当时上海有155547户私营工商业户，除去外商、文教事业及医师诊所1917户，"五反"运动在153630户私营工商户中全面展开进行，涉及资本家163366人，职员76918人。[②]工作队通过群众检举揭发、检查组检查、资本家互查、劳资面对面斗争等方法获取资本家的"五毒"资料，进而通过开斗争会等形式，要求资本家坦白交代"五毒"罪行。虽然，运动的最高领导层注意到运动激化的趋势，想使运动有所缓和，但是，由于斗争中过火的现象普遍存在，极为猛烈的宣传造势使资本家心理产生了极大压力，自杀的资本家在"五反"运动整个过程中一直存在。私营工商业者自杀现象当然是一个极端现象，但它的发生可以折射出当时运动中私营工商业的所有者、经营者的生存状态，私营工商企业的生产和经营也就可以想象了。

"五反"运动开始后，对经济的影响立刻便显现出来了。1952年第一季度开始，全国各地都不同程度出现了市场停滞、私营生产经营下降的情况。中国人民银行总行统计，1952年春货币流通量比上年同期减少了13%，银行汇兑及票据交换仅及1951年冬旺季的30%。市场停滞，自然税收减少，失业工人增加。华北地区1952年2月税收比1月减少一半。天津市新歇业的私营工商户有4000家，约40万人的生活受到了影响。西南地区出现的情况也十分严重，西南局发给中央的电报中说，1952年2月西南地区工商业表现了暂时又显著的停滞现象：贸易额减少很多，国营公司百货营业额只有原来的30%；许多私营工业无事可做；工商业停滞造成工人失业，城市贫民困难加剧，重庆有一区2万人到了无食或缺食地步。[③]中央对"五反"运动开展后的影响有所了解后，便采取了一些措施，以求经济生活正常运转。例

---

① 何永红：《"五反"运动研究》，中共党史出版社2006年版，第63页。

② 上海增产节约委员会编印：《"五反"基本情况统计》1952年8月，上海档案馆藏档，B13—2—248。转引自张忠民：《"五反运动"与私营企业治理结构之变动——以上海私营工商企业为中心》，《社会科学》2012年第3期。

③ 薄一波：《若干重大决策与事件的回顾》（上），中共中央党校出版社1991年版，第168页。

如，在运动部署上，决定适当缩短时间，县以下的"五反"推迟到春耕之后，以避免影响春耕生产；中等城市还没有开展运动的要视情况具体安排。毛泽东在给当时主政广东的叶剑英的电报中明示：要"严格掌握广州五反，不使引起混乱。某些陷于停顿的经济活动，应大力注意恢复。其他城市，非有充分准备，不要轻易发动五反"①。1952 年 2 月 24 日，中财委还出台具体措施：财经部门立即抽出 1/4 到 1/3 的力量抓业务；中贸部恢复收购土特产和加工订货；抓好春耕；国营工业、交通部门千方百计完成生产计划。② 财政部的政策主要是针对政府财经部门与国营企业，作用仅限于经济领域；对于已开展起来的"五反"斗争而言，所起到的降温作用并不大，尤其是对那些被认定有重大问题的资本家而言。正如前文所述，在 3、4 月份，上海自杀的私营工商业者仍呈上升趋势。这样的局面，运动对私营工商业的影响当然就会很大。资料显示，上海在"五反"运动，尤其是运动高潮的 2—4 月中，"加工、订货、收购、贷款一度停顿，物资交流一度停滞，影响很多工厂处于停工、半停工状态，一般商店营业清淡。工业中，如内衣、机器、卷烟、制革、面粉等业，一般在'五反'期间均停工两三个月左右。尤以内衣业所受影响最大，因'五反'正值织造汗衫季节，'五反'结束，汗衫已将落令。商业所受影响亦很大，1952 年 2 至 4 月份一般私商交易稀少"。据上海市对 56 家商店的调查，"总计 56 户在此三个月内营业额为 562 亿元，而在 1951 年同期的营业额则为 1128 亿元。1952 年仅及 1951 年的 49.81%"。其中最为严重的一家"药材业的鑫源祥号，1952 年 2 至 4 月的销货仅有 56 万元，而在 1951 年同期则达 6600 万元，1952 年仅及 1951 的 0.85%，该户在 1952 年 4 月份竟未做一文生意"。③"据上海市对 123 家工业户和 56 家商业户的调查，

---

①　《毛泽东文集》第六卷，人民出版社 1999 年版，第 200 页。

②　薄一波：《若干重大决策与事件的回顾》（上），中共中央党校出版社 1991 年版，第 168 页。

③　《中国资本主义工商业的社会主义改造·上海卷》，中共党史出版社 1993 年版，第 212—213 页。

123 家工业户 1951 年盈亏相抵，盈利 10062 亿元，1952 年盈亏相抵，亏损 228 亿元；56 家商业户，1951 年盈亏相抵，盈利 561 亿元，1952 年盈亏相抵，亏损 128 亿元。"① 这些数据是对"熬"过了"五反"运动的上海企业的调查统计，如果计算那些"消失"在运动中的企业，那么，"五反"期间私营工商业的数据可能会更加"难看"。北京的情况也大致如此，由于开展激烈"五反"斗争，北京"3 月份私营工业大部处于停工及半停工状态，其中最严重的铁工业 3154 户中，有 60% 以上停工；印刷业 561 户中，大部停工；木器业 598 户中，2/3 停工；制革业 284 户中，90% 以上停工；织染业及针织业中的小户大部停工"②。私人商业自然也受到极大影响，资料显示，即使经过一段时间恢复后，到 1952 年 10 月，"歇业较开业多了 607 户，从业人员减少了 2846 人，而且还有一些维持不了"。③ 江西省南昌、吉安、九江、赣州等主要城市，经过"五反"运动后，"私营营业额下降，如南昌市私营今年（1952 年）1 至 10 月的营业额比去年同期减少了 30% 左右，10 个月 6 个主要城市私营工商业户数减少了 14%（3599 户，其中南昌市 1298 户）"。④ 从中南区六省（豫鄂湘赣粤桂）1951 年上半年至 1952 年上半年的工商业户数变化中，可看出"五反"运动对私营工商业的冲击：工业企业减少了 32367 户，商业减少了 82224 户。⑤

　　这样的状况，表明"五反"运动对 1952 年的税收肯定存在影响。那么，影响有多大呢？以笔者查阅资料所及，只有陈云在 1952 年 6 月的一次

---

① 熊月之主编：《上海通史·当代经济》第 12 卷，上海人民出版社 1999 年版，第 59 页。

② 《中国资本主义工商业的社会主义改造·北京卷》，中共党史出版社 1991 年版，第 102 页。

③ 《中国资本主义工商业的社会主义改造·北京卷》，中共党史出版社 1991 年版，第 109 页。

④ 《中国资本主义工商业的社会主义改造·江西卷》，中共党史出版社 1992 年版，第 88 页。

⑤ 《1949—1952 中华人民共和国经济档案资料选编·财政卷》，经济管理出版社 1995 年版，第 930 页。

讲会中提到了一个具体数字："五反"运动，使 1952 年第一季度直接"少收了五万亿元的税"[①]。此外，就没有发现谈及这个问题的直接资料了。不过，从 1952 年工商税收计划的完成情况也可以了解到"五反"运动对税收的影响。中财委一份关于 1952 年税收完成情况的报告中显示，1952 年华东、中南、西南几个大区没有完成工商税收计划，华东完成计划的 95.85%，中南完成计划的 92.73%，西南完成计划的 93.64%；从税种上看，货物税、私营营业税、临时商业税没有完成计划，货物税完成计划的 96.47%、私营营业税完成计划的 82.40%，临时商业税完成计划的 64.69%。1952 年全国工商税收（关税、盐税、契税及地方附加税除外）初步统计计算是完成了计划任务的 100.73%。但是，后来注意到"去年西南、中南等为了争取完成任务，将十二月份的营业税提前征收入库（应在今年一月征收）。并提前估征了第四季度所得税（西南估征大部、中南一部。按规定应在第一季度征收）；去年各地发动国营企业、合作社自查补税约一万亿左右，其中有一部分是一九五一年以前的漏税，也算作去年收入；华东并将一部分属于地方收入的税收罚没亦抵交了去年的任务"。这样，1952 年全国工商税收"实际完成计划只不过百分九十七左右"，没有完成计划。没有完成计划任务的原因是什么？报告分析："主要是由于'三反''五反'运动的影响，经济的改组、公私经济比重的变化以及工商业经营方式的改变"[②]。其实，后面的几个原因尤其是公私经济比重的变化，很大程度上也是受到了"三反""五反"运动的影响。也就是说，当时政府财经主管部门确认"三反""五反"对工商税收产生了影响。相对经济运行情况的变化，在时间上税收工作具有一定延后性，因而，运动的影响在 1952 年第三季度也存在。资料显示不少城市私营工商业税收 1952 年第三季度与 1951 年同期相比，呈现下降趋势：

---

① 《陈云文选》第二卷，人民出版社 1995 年版，第 171 页。

② 《1949—1952 中华人民共和国经济档案资料选编·财政卷》，经济管理出版社 1995 年版，第 943—944、1215 页。

"南京市私营营业税第三季度实征数较去年同期减少了 24.82%，临商税减少了 46.5%，北京市第三季度私营营业税第三季度实征数较去年同期减少了 38.29%，交易税减少了 43.87%，天津市八月份的私营营业额仅相当于去年同期的 67%。"各大城市如此，全国的工商税收自然受影响：全国第三季度工商各税"完成季度计划的 82.74%，占全年该项预算收入的 22.58%，与去年同期税收占全年实收数 24.86% 相较，呈现下降趋势"①。1952 年私营工商业税收的不理想状态，反映出"五反"运动对私营工商业的冲击。

如果参照资本家群体在"五反"运动中的具体生存情境，以及运动期间及之后工商企业户数减少的数量，我们或许会疑惑这一时期工商税收竟然完成了计划任务的 97% 以上。难道是计划任务定低了？当然不是，事实上，1952 年上半年实收的工商各税与 1951 年上半年相比有较大幅度增长：1951 年上半年工商各税为 180548 亿元，1952 年上半年为 295581 亿元，②增长了 115033 亿元，增幅达 63.7%。1952 年工商税收增长不少：1951 年为 436710 亿元，1952 年为 578790 亿元，增长了 142080 亿元，③增幅达 32.5%。工商税收如此增长与增幅，仍说它的表现不理想，当然也就是相对而言：比较上一年度的增长、比较计划预算、比较其他税种等，还有就是参照工商户数的变化。也就是说，从最终增长数看，"三反""五反"后工商税收呈现高速增长，但是，这个数字又与"三反""五反"期间工商户的生存状态、经营状况存在着一个巨大的反差。如何解释这一现象呢？从经济宏观层面看，1949—1952 年，国家的统一与稳定，新政权实施土地改革与调整

① 《1949—1952 中华人民共和国经济档案资料选编·财政卷》，经济管理出版社 1995 年版，第 1193—1194 页。

② 《1949—1952 中华人民共和国经济档案资料选编·财政卷》，经济管理出版社 1995 年版，第 940、1191 页。

③ 这一统计数据包括货物税、工商业税、印花税、利息所得税、棉纱统销税、地方税。《1949—1952 中华人民共和国经济档案资料选编·财政卷》，经济管理出版社 1995 年版，第 938、945 页。

工商业的政策，使工农业生产得以迅速恢复和发展，工农业生产总值一直保持较高增长：1952 年的工农业生产总值达到 810 亿元，比 1949 年增长了 77.5%。[1]1952 年 6 月，陈云在一次会议上就判断："现在购买力是不是减退了呢？没有减退，还有增加"，"今年购买力会增加……农业的收成好。现在麦子已经收了，收成比去年增加，秋季丰收也是有希望的。这样，农民的购买力就会提高"。[2]当时中国是农业人口居绝大多数的国家，从一定意义上讲，农村购买力决定着中国的购买力。"三反""五反"运动对工商企业产生了影响，但是，1949 年后工业企业的恢复与增长形成了一定的基数，运动冲击后从数量上看，工业企业较 1951 年下半年减少了，但仍是超过 1951 年上半年的。[3]事实上，1952 年工业生产总值比 1951 年还增长了 32.2%，[4]超过了农业的增产速度。正是基于这一形势，在报告中，陈云肯定地说，生产仍是增加的，虽然"并不很多"。陈云说"不很多"，应该是估算了运动的影响。同时，国家预算增加，对经济也起到了拉动作用。有购买、有生产，市场自然会运转、繁荣起来，这样，税收也就增长了。当时的资产阶级，作为一个阶级的存在，虽然是"工农小民"四大阶级之一，但是其人数在全国总人数中是少数，而其中发生的一些极端事件从数量看更是少数。在宏大的数量面前，极少数的事件无论如何"难看"，都难以改变大的局势。因而，1952 年税收虽经运动冲击，仍征收了比 1951 年更多税。了解这一宏观经济背景，对于当时的政治运动与经济、税收的关系应该有一个较为合理的理解。

当然，下面几个具体的措施也是极为重要的原因。第一，面对"五反"开始后企业出现的"休克"状态，及时采取了对工业企业实施以加工订货、

①　董志凯：《1949—1952 年中国经济分析》，中国社会科学出版社 1996 年版，第 312 页。

②　《陈云文选》第二卷，人民出版社 1995 年版，第 171 页。

③　《1949—1952 中华人民共和国经济档案资料选编·财政卷》，经济管理出版社 1995 年版，第 930 页。

④　董志凯：《1949—1952 年中国经济分析》，中国社会科学出版社 1996 年版，第 312 页。

贷款为中心内容的"人工呼吸"式的救助。1952 年 2 月，中央了解到"五反"运动对生产、市场贸易产生消极影响后，便立即采取了一些调整措施，包括持续缩小运动开展的范围、推迟与缩短运动开展的时间，增加城乡物资流通、加工订货和贷款等，毛泽东进而提出"五反"斗争"要做到群众拥护、市场繁荣、生产有望、税收增加"的要求。① 其中对企业实施加工订货和贷款的措施，被称为"人工呼吸"式的救助。上海市政府从 3 月开始，就通过加工订货和贷款等方式对市场进行紧急投放，"3 月份共投放 21000 亿元。4 月份投放 18866 亿元，照顾了 54 个主要行业的 4003 个工商业户。造纸、火柴、水泥、橡胶业的轮胎部分、织布、染布、棉纺、麻纺等与国民经济关系密切的行业 100% 受到了照顾。毛巾、被单、电解铜、机器制造等行业照顾了 80%，汗衫、搪瓷等行业照顾了 60%"。运动结束后的"5 月、6 月继续投放，照顾面扩展到 84 个行业的 8200 余家工厂。经过'人工呼吸'，上海工业又恢复了活力，与 1951 年相比，1952 年工业总产值增长 22.2%"。② 用"人工呼吸"的说法来形容，一方面说明市场出现了停止"呼吸"的严重局面，另一方面也说明当时是按采取"急救"措施来进行的。陈云后来说，"这个时期的市场所以能维持，大部是依靠'人工呼吸'的方法"③。这也印证了当时实施"人工呼吸"法的作用。④ 第二，"五反"运动结束后，全面进行了工商企业政策调整。这时的调整，不仅延续了之前对工业企业进行的政策，如降低银行利率、增加放款，扩大加工订货及收购产品，同时，还明确提出要调整运动期间普遍存在的压低工缴费现象，要允许生产、投资与经营

---

① 薄一波：《若干重大决策与事件的回顾》（上），中共中央党校出版社 1991 年版，第 169 页。

② 熊月之主编：《上海通史·当代经济》第 12 卷，上海人民出版社 1999 年版，第 58 页。

③ 《陈云文选》第二卷，人民出版社 1995 年版，第 167 页。

④ 吴承明认为这时调整工商业的措施，主要是运用投放、信贷、利率、税收、价格等经济杠杆通过市场进行，属于现代的宏观调控，其中以控制市场银根的金融调控最为灵活与成功，为今天社会主义市场经济经验与借鉴。参见董志凯：《1949—1952 年中国经济分析》，中国社会科学出版社 1996 年版。

有一定的利润空间，"要让资本家感到有利可图"，为此，中央财政部门提出了"确定工缴费的原则，应按照生产成本，市场价格和社会需要几个方面综合考虑，其利润率可以是 10%、20% 甚至 30%；如果出现超过 30% 的情况，只要不违背国家规定，又能销出去，也允许"。对于商业，也一视同仁，"商业利润一般不应超过工业利润，但只要不是投机倒把违法经营，个别超过也可以，不能把 30% 作为死的界限"。① 概括地说，"五反"运动后，全国全面采取调整工商业政策，就是要让工商业的生产、投资与经营有盈利空间，进而拉动生产、消费，促进市场发展繁荣。第三，"五反"运动中整体上对资本家处理采取了"宽大"政策。宽大政策体现在两方面，一方面，是在对"五反"运动中工商户分类定性问题上，严格控制"严重违法户"和"完全违法户"的比例。毛泽东提出"过去从宽，今后从严人数从宽，少数从严，坦白从宽，抗拒从严，工业从宽，商业从严，普通商业从宽，投机商业从严的原则"。"五反"运动中，上海大大小小的私营工商业户几乎都交代出或被查出有涉及"五毒"的行为，但是，在最后划定时"守法户占 39%，基本守法户占 45.6%，半守法、半违法户占 11.98%，严重违法户占 2.95%，完全违法户占 0.47%"。② 对一些工商大户更是给予特别保护，只对严重违法和完全违法才给予刑事处分，约占工商户总数的 0.15%。③ 另一方面，慎重处理违法资本家的退财补税问题。对于在运动中查出的资本家要退补的金额进行重新审查认定，并采取多种方式解决退补问题。上海"五反"时确定要退补金额达 10 万亿元（不包括罚款、没收的财产），重新审查确定为 74900 亿元。后来又重新审核，最后只"要求资本家向国家退补其中的 35000 亿元"；同时

① 薄一波：《若干重大决策与事件的回顾》（上），中共中央党校出版社 1991 年版，第 180 页。

② 熊月之主编：《上海通史·当代经济》第 12 卷，上海人民出版社 1999 年版，第 62—63 页。

③ 薄一波：《若干重大决策与事件的回顾》（上），中共中央党校出版社 1991 年版，第 178 页。

考虑企业实际困难，允许企业"数月后退补，数额大者并允许分多年退补，一部分可转为公股"。① 陈云把其中的道理与经济账说得极为明白："对资本家要加以照顾，缴退补款的时间可以拖长一点。要先活后收，先税后补。第一先要活，能活就能收，如果先收，就活不了。第二先收税后补退。……先税后补，就是说你不能大补就小补，小补还不行那就暂时不补，明年再补，但税一定要收。""税收最要紧，神圣不可侵犯。"② 这样的宽大政策处理，这样的税收理念，当然有利于运动后私营工商业的恢复与运作，也有利于税收征收。

---

① 熊月之主编：《上海通史·当代经济》第 12 卷，上海人民出版社 1999 年版，第 63 页。
② 《陈云文选》第二卷，人民出版社 1995 年版，第 172 页。

第六章　工商税收与资本主义工商业政策

　　1949 年 3 月，中国共产党第七届中央委员会第二次全体会议确定了新政府成立后对待私人资本主义实施"利用"与"限制"的政策基调："在革命胜利以后一个相当长的时期内，还需要尽可能地利用城乡私人资本主义的积极性，以利于国民经济的向前发展。……但是中国资本主义的存在和发展，不是如同资本主义国家那样不受限制任其泛滥的。它将从几个方面被限制——在活动范围方面，在税收政策方面，在市场价格方面，在劳动条件方面。我们要从各方面，按照各地、各业和各个时期的具体情况，对于资本主义采取恰如其分的有伸缩性的限制政策。"[1] 本章主要讨论新中国成立初期，新政权如何用工商税收来"利用"与"限制"私人资本主义。

第一节　增加税收：1949 年 10 月—1950 年 6 月

　　《共同纲领》第 26 条对于私人资本主义作了原则性与方向性的规定："中华人民共和国经济建设的根本方针，是以公私兼顾、劳资两利、城乡互助、内外交流的政策，达到发展生产、繁荣经济之目的。国家应在经营范围、原

---

　　① 《毛泽东选集》第四卷，人民出版社 1991 年版，第 1431 页。

料供给、销售市场、劳动条件、技术设备、财政政策、金融政策等方面，调剂国营经济、合作社经济、农民和手工业者的个体经济、私人资本主义经济和国家资本主义经济，使各种社会经济成分在国营经济领导之下，分工合作，各得其所，以促进整个社会经济的发展。"第30条规定："凡有利于国计民生的私营经济事业，人民政府应鼓励其经营的积极性，并扶助其发展。"①相对于党的七届二中全会决议而言，新中国成立初期起临时宪法作用的《共同纲领》更多地肯定私人资本主义积极性的一面，即展现出要对私营工商业实行"利用"政策的一面；对私人资本主义实行"限制"政策的一面没有直接提出。但是，从条文中可以看出"限制"的意思也隐含其中：鼓励有利于国计民生的私营企业经营与发展，也就意味着对于不利于国计民生的私营企业，要实行"限制"政策。总的来看，《共同纲领》是显性地、整体地强调"利用"私营工商业的一面，"限制"私营企业不仅是"隐性"的，而且也是局部的、行业的，在后来政策落实中体现在对投机性、封建迷信以及奢侈品等行业的限制。

在这里，"国计民生"成为一个重要的参考标准，有必要稍作阐释。"国计民生"这个词，按词面解释就是国家经济、人民生活。但是，无论是国家经济还是人民生活，在不同的时期与阶段所具体包含的内容必是有所差异的。在新中国成立初期，工业化、社会主义（国营）经济、国家财政、物价、就业等是其中最重要的内容，对于私营企业，"利用"与"限制"的判定大致以这些内容为标准进行。②1949年新中国成立时，国计民生最集中的体现就是要解决物价上涨、通货膨胀和新政府巨大的财经困难等问题。多收税、增加财政收入是解决问题的最重要方法之一，这就使增加税收成为税收部门

---

① 《建国以来重要文献选编》第一册，中央文献出版社1992年版，第7、8页。

② 沙建孙把私人资本主义经济有利于国计民生的作用列为提供工业产品、工业技术、技术人员的培养、财政税收、就业；不利于国计民生的表现为生产的无政府性盲目性及与国家的计划相冲突、最大限度地榨取剩余价值唯利是图的本利、投机性等。参见沙建孙：《中国共产党和资本主义、资产阶级》上，山东人民出版社2005年版，第572—573页。

的重要工作。要多收税，除了做好赋税征收工作外，还要有充足的税源。正因如此，在新中国成立初期，新政权在城市工作中的一项重要内容就是保护私营工商业正常的经营与发展。在税收上采取的重要政策措施是：一方面坚决废除国民党政府民怨极大的苛捐杂税，另一方面基本沿用国民党政府的税制税例，求平稳过渡，以达到多收税的目的。这是新政府充分"利用"私人资本主义积极一面的体现。"限制"的一面表现得相对较弱，但也有所体现，主要在税率上。当时各城市基本沿用旧税制，但是在提出各税种的征税暂行办法时，都明示对不同行业要有所差异。例如，上海市对于营业税的征收提出："采取差别税率，基本工业最低，一般工业其次，商业区量重"，"对合作社予以减半征税"；对于所得税也提出：在税率上"根据所得额的大小征收温和的超额累进税率，以 5% 至 20% 为幅度，一般商业的税率较高，普通工业次之，基本工业和制度生产工具的工业最低"。[①] 税率的高低体现了新政权对于工商业不同行业发展的不同导向。

1949 年 11 月召开的首届全国税务会议，讨论统一全国税制、税法、税率问题，"统一"是会议的主题。但是，中央相关领导在讲话中表达的通过税收对私人资本主义进行利用与限制的理念也十分明显。时任中央人民政府副主席朱德在会议上指出，税收工作"是经济建设很好的指导机关，因之，首先要健全调查统计工作，调查后便于征收，也便于计划，管理市场"[②]。时任政务院财政经济委员会副主任、财政部部长薄一波说得更为明确："确定税收税率上，要注意到我们还不是单纯的财政收入。我们要注意到打击哪些，限制哪些，照顾哪些，发展与保护哪些。'公私兼顾，劳资两利，城乡互助，内外交流'的原则必须把握住。"[③] 时任财政部税务总局局长李予昂在

---

① 《中华人民共和国工商税收史长编》第一部，中国财政经济出版社 1988 年版，第 54—55 页。

② 《中华人民共和国工商税收史长编》第一部，中国财政经济出版社 1988 年版，第 67 页。

③ 《中华人民共和国财政史料·工商税收》第四辑，中国财政经济出版社 1987 年版，第 40 页。

解读全国税政实施时强调："在税收政策与立法方面，贯彻了工轻于商，奖励限制与指导的积极作用。"① 时任财政部税务总局副局长崔敬伯在解读税收政策时说："按照各种行业对于国计民生所起的作用，适用不同的税率，在轻重上加以区别。……税法拟定的要旨，是工轻于商，必需品的制品轻于非必需品的制造，重工业轻于轻工业。但亦非是工都轻，也非是商都重，而要看其行业性质对国计民生的贡献如何。"②

1950 年 1 月，政务院发布了《全国税政实施要则》《工商业税暂行条例》《货物税暂行条例》；4—5 月，财政部相继发布了印花税、利息所得税、特种消费行为税、使用牌照税、屠宰税的试行草案。从整体上来说，这些税务条例都体现了首届全国税务会议的精神。例如，在设定货物税税率上，把非必需品的税率定得较高：包括机制、手工制纸烟和雪茄烟的卷烟税率为 120%，包括高级斗烟丝、板烟丝的烟丝税率为 100%，土烟叶的税率为 20%；包括洋酒、伪洋酒、露酒在内的甲类酒的税率定为 120%；包括绍酒、白酒、黄酒在内的乙类酒的税率定为 100%；包括木酒、药酒、啤酒在内的丙类酒的税率为 60%；包括香水、香水精、香粉、指甲油、胭脂、口红、画眉笔在内的甲类化妆品类的税率定为 80%；包括雪花膏、发蜡、头油、爽身粉、花露水在内的乙类化妆品类的税率定为 60%；归类于迷信品类的锡箔、黄表、迷信用纸、冥钞、神马等税率均为 80%。而工业品类五金、电料（收音机、灯泡、电线等）、漆、胶、钟表等税率均为 5%；矿产品中的煤铁钢等低至 3%。对于鼓励发展行业，不仅税率定低，且给予减税政策，在工商业税则减税条款中，减税最高为 40%—30% 的是机器制造业、矿冶业、电业、车船制造业等。③ 在后来的总结报告中，税务总局就说："新税制的特点，是在

① 李予昂：《开国两年来的税务工作》，《税工研究》1951 年 11、12 期合刊。
② 《崔敬伯财政文丛》（下），中央编译出版社 2015 年版，第 1275—1276 页。
③ 《中华人民共和国财政史料·工商税收》第四辑，中国财政经济出版社 1987 年版，第 62—64、66—67 页。

阶级关系的范围内，区别不同的经济成分，在税收政策与立法方面，贯彻了工轻于商，奖励限制与指导的积极作用。"[1]

用税收政策来调整私人资本主义的经营与发展，在新政权的理论界认识及表述得更为清楚。时任中南区税务局局长林锦章在《做好城市税收工作》一文中说道："税收体现着政府的经济政策……发展哪些？限制哪些？工轻于商，必需品轻于非必需品，在税法税率上都表示得很明显"；"城市税收的政治任务"是要"发展具有社会主义性质的国营经济并充分发挥其在新民主主义经济中的领导作用"，在"保证新中国的经济发展不会走上旧资本主义经济道路"方面"起杠杆作用"，要"成为'节制资本'，掌握新民主主义经济发展的有力武器之一"。[2] 在《新民主主义税收的几个基本问题的研究》中，作者郭翔表达得最为直接明了。在基于国家阶级性的基础上，作者提出并强调税收的阶级性，指出在新民主主义社会里，税收必然会在"限制以至消灭私人资本主义"过程中承担它历史的责任；税收不仅是"当作财政手段的税收"，也是"资本调度与积累手段的税收"，虽然"税收在任何时期都影响着资本的调度与积累，税收在任何条件下都会改变资本的性质与运用方式，增大、减小以至阻碍资本的积累"，然而，"有意识地把税收当作资本的调度与积累的手段，却只有在用马列主义武装着人民政权的条件下，才有可能，我们正是这样的国家"。作者在文中还阐明了如何用"直接税"和"间接税"来调节私人经济的利润、促使资本产生有利于发展生产的变化，进而促成私人资本之质发生转变："直接税，采用差别税率使各种性质的资本在同一时期内经营获得的利润直接地有大、小、有、无之别，对生产力的发展和人民生活最有利的一些产业与商业，跟对生产力发展无益，甚至会阻碍生产力发展、危害人民生活的资本活动部门，采用差别的直接税率，可以直接刺激资本所有者改变其资本的活动范围，从而改变资本的性质。在间接税，采用差

---

[1]　李予昂：《开国两年来的税务工作》，《税工研究》1951 年第 11、12 期合刊。

[2]　林锦章：《做好城市税收工作》，《长江日报》1950 年 12 月 19 日。

别税率是表现为政府对私经济的价格政策而达到预期目的的。按照现实的生产力发展条件，区别出各该商品与人民生活、社会生产的关联性，课以不同税率的间接税，使商品的价格与价值有不同程度的差距，从而通过商品销售量的增减，再反过来影响该一商品的生产部门把剩余价值实现为利润的机会，以致影响其利润率，促使资本的质作有利于发展生产的变化。"作者强调，新政府已"扬弃"了原来关于"课税不及于资本"的理论，这个理论是"资产阶级的课税理论"，"在我们这样的国家里，税收应该历史地有区别地对待各种私经济活动，要发展的，保障并刺激扩大其利润，要限制的，税收不仅可以及于利润，而且可以课及资本"。课及资本的"税收"，应该不属于"税收"，而属于政治、行政手段了。应该认识到这一点，作者最后说："特别这里须要提明，税收只是完成私人资本之质的变化的有效手段之一，轻视直接的行政干涉与其他经济上的措施，会犯严重的错误。"①

从党的七届二中全会到首届全国税务会议和1950年初颁布的税收条例，表明新政权通过税收来利用与限制资本主义工商业的理念是明确的，总体上就是在保障国家财税增长的前提下，税收政策要实现"工轻于商，必需品的制品轻于非必需品的制造"。宏观理念上明确，并不意味着具体的税法税率的制定、落实就能有效地达到利于"国计民生"的目的，更何况"国计民生"的重心是处于动态与变化中的，其中的平衡点并不容易找到。新中国成立之时，中财委把实现财政收支基本平衡，解决抗日战争以来长期存在的通货膨胀问题、财政困难问题列为"国计民生"中最重要的任务、最关键的一环，回看历史，这一决策是完全正确的，没有市场的稳定、物价的基本平衡，国计民生便无法安稳，新政府也难以稳定。要解决通货膨胀、财政困难，最为重要的当然就是要财政增加收入，这就要求多收税。通过前文的论述我们知道，新政权正确而果敢地选择了增加城市税收这一途径。为了实现城市工商

---

① 《1949—1952中华人民共和国经济档案资料选编·财政卷》，经济管理出版社1995年版，第337—341页。

税收的增加，以任务为指标的民主评议的征收方法便被要求全面推广，税种税目税率也相应地往多、高方向调整，这当然也就意味着私营工商业阶层要多交税。多交税，对于私营企业而言是增加的支出与负担，但是，对于新政权而言，这正是"利用"私营工商业的政策，通过税收，来为国计民生服务。税收的增加以及其他政策措施的正确实施，到 1950 年春，存在十多年的恶性通货膨胀基本得到解决，物价基本稳定，财政收支也大致平衡。不过，新的问题又出来了。

第二节　税收调整后的"双赢"：1950 年 6 月—1951 年 12 月

1950 年 2 月开始，全国大、中城市出现了较为严重的"工厂关门、商店歇业、失业增加"的市场萧条现象，城市市场萧条的原因是多种因素的结果：新社会的建立造成社会结构转型进而使市场转型，通货膨胀时期虚假购买力的消退，以及企业自身经营管理等。但是，统一税制后公布实施的税收条例、税收征收工作中存在的问题也被视为重要原因之一。当时认为税收存在的主要问题有：税收任务过重，且与税率税法发生冲突；货物税新增税目过多，税目规定不明确；工商业税征收中实施的民主评议方法存在较大问题，容易发生"小户挤大户，大户欺小户"现象等。[①] 时任财政部副部长吴波后来（1953 年）就说："第一次修改税制是在全国解放不久……为了保证税收，只能在国民党旧税制的基础上加以若干改革，采取了'多税种、多次征'的办法，手续复杂，商品转一次征一道营业税、营业附加及印花税，工商界意见很大。"[②] 有学者研究指出，当时的"税收重、税目多"已经到了"私

---

① 参见《中华人民共和国工商税收史长编》第一部，中国财政经济出版社 1988 年版，第 124—135 页。

② 《1953——1957 中华人民共和国经济档案资料选编·财政卷》，中国物价出版社 2000 年版，第 390 页。

营工商业难以承受"的地步了。①也正因为如此，为了恢复经济生产，解决城市工商业发展困难、工人失业、市场萧条，毛泽东对税收工作提出要求，要"调整税收，酌量减轻民负"②，调整税收工作便在全国全面展开。为了迅速进行相关工作，距首届全国税务会议召开不到6个月，1950年5月27日至6月17日，第二届全国税务会议就召开了。这次会议的任务是在公私兼顾、调整工商业的总方针下调整税收。为了把调整税收做到实处，解决问题，会议还请了各界工商业者代表参会，体现了"与工商界协商办税，有事大家商量"的精神。在这样的形势与氛围下，第二届全国税务会议通过了较为务实的税收调整方案与措施，主要体现在税种、税目、税率和征税方法等几个方面：一是税种方面，决定暂不开征薪给报酬所得税和遗产税，地产税和房产税合并为一种地产税，税种由14种减至11种。二是税目方面，货物税停征品目387个，全部免征包括陶器、石灰、土制砖瓦、自来水笔零件、钟表零件、留声机零件、汽车及汽车零件、土硝和蜡烛等，部分免征有橡胶制品、玻璃制品、五金类、电料类、自行车零件、矿产品、皮革和植物油等；合并征收品目391个，调整后的货物税品目由原来的1136个减为358个，印花税的品目由原来的36个减至25个。三是税率方面，所得税税率虽然维持不变，仍为5%—30%，但是将最低档税率（5%）适用的所得额从原未满100万元放宽到未满300万元以下，最高档税率（30%）适用的所得额从原来的3000万元提高到10000万元，并将累进级数由14级增到21级；货物税一些物品税率直接下调，雪茄烟税率由120%下调至100%，改制酒税率由120%下调至50%，改性酒精由100%下调至30%，罐头由30%下调至20%，化学碱由10%下调至5%，火柴由20%下调至15%等。利息所得税，原只征私人行庄，按所得额10%计征，现改为公私银行一律征收，税率由10%降至5%。特别消费行为税，筵席税的起征点从1万元提高到5

---

① 董志凯：《1949—1952年中国经济分析》，中国社会科学出版社1996年版，第160页。
② 《毛泽东文集》第六卷，人民出版社1999年版，第71页。

万元，冷食税从 5000 元提高到 1 万元。盐税按原规定减半征收。[①] 四是征税方法方面，主要是改进了工商业税征收中民主评议方法。针对此前实施的民主评议征收方法存在的以任务为中心，不依率计税，出现"摊派""以大欺小"等现象，提出工商业税"一律依率计征"。[②] 民主评议方法实施要更为细化科学，强调在民主评议前要对工商业户分等分级，选出一定比例的典型户进行典型调查，求得各行业的营业额与各行业的标准纯利益率及各等级所得额，然后再进行民主评议，以达到公平合理、依率计征的目的。为了保证民主评议的公平合理性，政务院颁布了《工商业税民主评议委员会组织通则》《税务复议委员会组织通则》，以规范民主评议方法的实施。此外在所得税、货物税征收方法上也进行了一定有利于工商企业的简化手续。税收调整当然不是简单地减少税收，为私营企业减负。1950 年 7 月 12 日，《人民日报》发表社论《调整税收的两大原则》，指出调整税收的两大原则，一是巩固财政收支平衡，二是照顾生产的恢复和发展。

1950 年 1 月底，政务院颁布《工商业税暂行条例》《货物税暂行条例》。5 月底，财政部对刚颁布没多久的印花税、利息所得税、特种消费行为税等条例进行了调整。此次调整、修改之所以如此快速，与当时的经济紧迫形势和市场危机局势有关，也与中共中央确定的利用私人资本主义的政策有关，还与当时治国纲领性文件《共同纲领》中关于发展有利于国计民生的私人资本主义经济的政策有关。对于税收调整，《人民日报》社论表示，这是为了"照顾生产的恢复和发展"[③]。而如此的照顾，当然就是给私营工商业经营利益，从政策上讲，是非常明确地用税收来调整私人资本主义，以促进其发

<hr>

① 《1949—1952 中华人民共和国经济档案资料选编·财政卷》，经济管理出版社 1995 年版，第 365—368 页；《中华人民共和国工商税收史长编》第一部，中国财政经济出版社 1988 年版，第 138—140 页。

② 《1949—1952 中华人民共和国经济档案资料选编·财政卷》，经济管理出版社 1995 年版，第 652 页。

③ 《调整税收的两大原则》，《人民日报》1950 年 7 月 12 日。

展，进而有利于解决市场萧条、工人失业等问题，以解决"国计民生"。毛泽东就明确指出，"维持了私营工商业"，就是维护了生产与工人的利益，虽然"中间也给资本家一定的利润。但比较而言，目前发展私营工商业，与其说对资本家有利，不如说对工人有利，对人民有利"。①

如前文所述，1950 年初城市出现工厂商店关停、市场萧条的原因是多方面的，中央政府采取的应对措施除调整税收之外，还采取了相应的一系列措施：对于私营工业，扩大加工、订货和收购产品，据统计，1950 年的这部分产值相比 1949 年增加了 1.6 倍，其在私营工业总产值中所占的比重，由 11.8% 增加到 28.83%，而占全国私营工业总产值比重约 1/3 的棉纺织业，1950 年下半年为国家加工部分占其生产能力的 70%。② 对于商业，则调整公私营商业的经营范围和价格，具体就是减少国营商业的经营（品种）范围，减少零售商店数量，以及在价格上保持适当的批零差价、地区差价，使零售商人有利可图。此外，在资金上，加大对工商企业的贷款额度；在政治方面，强调要坚持"劳资两利"，1950 年 4 月劳动部印发《关于在私营企业中设立劳资协商会议的指示》，要求根据劳资两利和民主原则，用协商方法解决企业中劳资双方利益问题。正因为中央政府采取了包括调整工商税收以及以上一系列措施和方案，城市经济立刻好转，出现了国（家）与私（营企业）、劳（动人民）与资（本家）"双赢"局面：私营工商业得到恢复发展与利益，工人就业增加，国家财政税收也增加了。据统计，1950 年下半年，上海、天津、北京、武汉、广州、重庆、西安、济南、无锡、张家口 10 个城市，私营工商业开业的共 32674 家，歇业的共 7451 家，开业超过歇业 25223 家。主要工业品产量逐渐增加，以 1950 年 1 月产量为基数，上海棉纱 8 月已增加 6%，以后逐月上升，到 11 月增长 77%；水泥、玻璃、颜染

---

① 转引自薄一波：《若干重大决策与事件的回顾》（上），中共中央党校出版社 1991 年版，第 98 页。

② 《中国资本主义工商业的社会主义改造》，当代中国出版社 2009 年版，第 62 页。

料、面粉、毛纱、化学胶的产量，在9月之前均已超过1月的产量，到11月最高的增长了283%（玻璃），最低的也增长了7%（面粉）。市场成交量也迅速增长，据北京、天津、上海、武汉、青岛5市面粉、大米、棉纱、棉布4种主要物资市场成交量的统计，以1950年4月为基数，9月面粉增加了13%、大米增加了65%、棉纱增加了84%、棉布增加了278%。10月市场情况更好，4种物资分别增加了54%、289%、128%、233%。[①]工商业企业增多，就业人数自然增长，就业人口增长，自然是有利于改善普通民众生活的，不仅如此，税收也有较大幅度增长。工商税收的调整总体上是减税政策，但是，由于工商业得到迅速恢复与发展，税收非但没有减少，反而增加了。货物税调整后，停征税目多，降低税率的也不少，但是调整税收后货物税收入却有显著上升，据统计，1950年上半年货物税为34567亿元，调整后，下半年达到了61714亿元，增长了78%。货物税收如此增长，既有市场交易量增加的原因，应该也有税目集中更有利于管理的原因。[②]1950年全国各项税收（不包括关税、盐税）"实收为20600亿元，合计238万万斤，超过原计划55万万斤，超过调整计划75万万斤"[③]。总体上，1950年全国税收是超额完成计划任务："不论从原计划（1949年11月制定）或调整计划（1950年6月修订的）来看，全国各区都超额完成了，计超过原计划30.27%，超过调整计划46.38%。"[④]面对1950年税收取得的好成绩，财政部在总结报告中对调整政策给予充分肯定："政府对城市私营工厂实行加工订货，在农村扩大收购土产等措施，是增加税收的主要原因"；调整税收实行降低税率、减少税收种目、简化税制、改进征税方法等措施，

---

① 《中国资本主义工商业的社会主义改造》，当代中国出版社2009年版，第67页。

② 《当代中国的工商税收》，当代中国出版社2009年版，第32页。

③ 《1949—1952中华人民共和国经济档案资料选编·财政卷》，经济管理出版社1995年版，第496页。

④ 《中华人民共和国工商税收史长编》第一部，中国财政经济出版社1988年版，第157页。

"非但税收未因此而受影响，反而好处很多"，其中原因是这些政策有利于培育税源、促进生产与物质交流。[①]

基于 1950 年的税收调整及成效，1951 年自然延续了税收调整的政策，从私营工商业现状与国家税收来看，依旧是"双赢"：1951 年全国税收实收 436709.77 亿元，其中货物税 161851.56 亿元，工商业税 188934.99 亿元。[②]这个数字与 1950 年相比增长 1 倍多。对于私营工商业而言，1951 年与 1950 年比较，私营工业增加 1.4 万户，产值增加 39%，私营商业增加 40 余万户，批发额增加 35.9%，零售额增加 36.6%。基于此，有学者说，此时私营工商业的发展到"抗战以来所没有的繁荣景象"。[③]面对产销全年出现"淡季不淡，旺季更旺"的繁荣景象，资本家也把 1951 年称为"黄金年"。[④]

税收调整后，国家税收增长了，私营工商业也繁荣了，理论上，这样的局面对于政府与私企双方而言都应该是想维持的。事实上，也是这样。到 1951 年 12 月前，中央政府部门在调整工商业政策下继续制度化与深化相关工作，没有对包括税收政策在内的相关政府进行重大调整就是很好的证明。1950 年 12 月，政务院公布了《私营企业暂行条例》，条例是"根据中国人民政治协商会议共同纲领的经济政策的规定，在国营经济领导之下，鼓励并扶助有利于国计民生的私营企业"而制定的，条例规定私营企业应执行政府的重要商品的产销计划和有关劳动法令，同时规定了私营企业的盈利分配方法：企业盈余，于缴纳所得税，弥补损失外，先提 10% 以上作为公积金，然后可分派不超过 8% 的股息。在剩下的余额中，股东红利及董事监察、经

---

① 《1949—1952 中华人民共和国经济档案资料选编·财政卷》，经济管理出版社 1995 年版，第 651—652 页。

② 《1949—1952 中华人民共和国经济档案资料选编·财政卷》，经济管理出版社 1995 年版，第 938 页。

③ 沙健孙：《中国共产党和资本主义、资产阶级》上，山东人民出版 2005 年版，第 587、589 页。

④ 陆和健：《上海资本家的最后十年》，甘肃人民出版社 2009 年版，第 156—157 页。

理、厂长等的酬金，一般不应少于 60%，改善安全卫生设备的基金在工矿企业不应少于 15%，职工福利基金及奖励基金一般不应少于 15%。[①] 条例如此照顾资方利益，其至于在全国政协进行讨论时，有民主党派人士就表示异议，认为条例太过于照顾资本家，没有表现新民主主义的特色；在条例定稿提交到政务院讨论时，也有人提出反对意见，认为条例对资本家利益照顾得太多，对工人福利照顾太少。对于这些意见，陈云都亲自出面进行解释。这个条例的公布表明政府既要加强对私营企业制度性、规范性的领导，同时让"资本家有权获得盈余中不少的一部分作为他们的合法利润，从而更刺激资本家投资的积极性"[②]。当时主要负责条例起草的中央直属私营企业局（后改名为工商行政管理局）副局长、民主人士、经济学家千家驹说："私企条例共三十条，其中对私营企业限制的条文，共有两条，一为第六条，规定'为克服盲目生产，调整产销关系，逐渐走向计划经济，政府得于必要时制定某些商品的产销计划，公私企业均应遵照执行。'还有第七条：'企业应切实执行政府一切劳动法令。'这是唯一的体现新中国私营企业不同于资本主义国家私营企业的两条。"[③] 显然，无论从内容还是从目的来看，《私营企业暂行条例》的出台与公布，不是要消灭私营企业，而是要保护和发展有利于国计民生的私营工商业。这当然也是延续调整工商业政策的精神。在这期间，税收部门也是在此精神下进一步规范税收制度与深化日常工作，条例的完善、杜绝私营企业的偷税漏税和拖欠税款问题成为税收部门所关注的工作。1951年 3 月 20 日至 4 月 6 日，第三届全国税务会议召开，这次会议的内容除总结经验、布置一年的工作任务外，主要是讨论临时商业税、摊贩业税、交易

①　《中国资本主义工商业的社会主义改造·中央卷》上，中共党史出版社 1992 年版，第 198—202 页。

②　王炳林：《中国共产党与私人资本主义》，北京师范大学出版社 1995 年版，第 307—308 页。

③　千家驹：《从追求到幻灭——一个中国经济学家的自传》，时报文化出版企业股份有限公司 1993 年版，第 181 页。

税的税法章程、合作社纳税问题，以及"堵塞漏洞"（偷税漏税的漏洞）对策和职工（店员）如何协助税收工作问题。5月，税务总局发布《税务人员驻厂办事规则》，规则共 14 条，非常系统而明确规定驻厂人员的工作职责和纪律，细化到伙食问题，规则指出：驻厂人员，"如因事实需要，加入厂方伙食者，须报经主管税务机关批准，并按时如数交付给伙食费，不得拖欠或少付"①。税收部门专注日常工作，是政策延续进行的表现，表明税收系统延续这一局面的意向。

与此相应，受调整工商业政策实惠，私营工商业阶层对新政府也作出积极回应，集中表现在全国性的抗美援朝运动中的坚定立场、出钱出力的力度上。在这方面，上海工商界表现最为突出。1950 年 11 月，上海工商界的资本家集体签订了《上海工商界抗美援朝保家卫国爱国公约》，表示要贡献一切力量，支援抗美援朝保家卫国的志愿军；坚守岗位，加紧生产，沟通物资交流，保证军需民用物资的充分供应；遵守政府的政策法令，保证稳定物价，不囤积居奇，不投机取巧，不欠税，不逃税等。② 签订爱国公约后，自 12 月 1 日至 10 日，上海市"即清缴工商业税欠税三十五亿七千二百七十九万余元"③。从 1950 年 10 月至 1951 年 2 月，上海工商业税欠税缴清率高达 91.46%。1951 年 6 月 1 日，中国人民抗美援朝总会发出《关于推行爱国公约并捐献飞机大炮和优待军属的号召》，18 日上海工商界作出了积极响应，发出了《关于深入贯彻爱国公约，并展开捐献飞机大炮和优待烈军属运动的计划》，号召工商界单位、个人和个体联合捐献，提出了具体捐献 270 架战斗机的目标。上海市工商联组织全市资本家进行了三次集体缴款活动，"共计缴纳爱国捐献款项达四千二百余亿元"，已超过了此前设定的

---

① 《中华人民共和国工商税收史长编》第一部，中国财政经济出版社 1988 年版，第 119 页。

② 《上海工商界抗美援朝保家卫国爱国公约》，《上海工商》第 2 卷第 4 期（1950 年 12 月 5 日）。

③ 《以实际行动抗美援朝，沪工商界积极交欠税》，《解放日报》1950 年 12 月 19 日。

"捐献战斗机二百七十架的初步目标"。[①]在缴款活动中涌现出光荣行业43个，光荣户5000多户。到1952年5月止，上海工商界共捐献款额达6000多亿元，折合战斗机404架。此外，上海工商界积极参加赴朝慰问活动、广泛开展优抚烈军属工作，据统计在1951年10月至1952年9月，共计安排了14963名烈军属就业。[②]有研究者指出，并非所有私营工商业者的所有捐献行为都是自愿行为。上海大资本家刘鸿生在"捐献飞机大炮运动"中是较为积极者，捐献数额也巨大，但也因捐献数目大、资金困境等原因对捐献产生反感，[③]私营工商业者的捐献行为有民族主义情感、国家主权意识等因素。[④]尽管如此，把私营工商业者在抗美援朝运动中的捐献行为视为对新政权调整工商业政策的"回馈"态度，也应该没有多大问题。对于私营工商业为响应抗美援朝运动而举行反美游行、签订爱国公约、捐献活动，地方政府及中央政府都给予了相当肯定。1950年12月2日，毛泽东给天津市工商界发去电报，肯定了天津市工商界在11月30日举行的抗美保家卫国的游行，12月3日，《人民日报》全文刊载了这封电报。1951年1月9日，中共北京市委在向中央的报告中明确肯定北京工商界的反美游行，并认为工商业界的资本家签订"爱国公约"，成立保卫和平反美侵略委员会，"号召搞好劳资关系，搞好生产，保证税收，加强城乡交流，协助政府稳定社会秩序"。这些活动是"比较踏实有内容的"，"在稳定金融物价中，也起了若干保证作用"。报告还提出党和政府要通过公营企业加强对工商联的领导，进而通过工商联来领导工商界。对于北京市委的报告，中共中央当时是持肯定态度的，并立刻向全国

---

① 《工商界第三次集体缴款情况热烈，两日来缴款一千二百余亿，连前已缴献款计达四千二百余亿元，超额完成认捐飞机二百七十架》，《文汇报》1951年10月27日。

② 中共上海市委党史研究室：《历史巨变：1949—1956（1）》，上海书店出版社2001年版，第134—135页。

③ 赵晋：《落日余晖：新中国初期的私营工商业（1949—1954）——以上海刘鸿生家族章华毛绒纺织公司为个案的考察》，博士学位论文，华东师范大学，2014年。

④ 贾国成：《上海工商界与抗美援朝》，硕士学位论文，东华大学，2015年。

转发了报告以供参考。① 当时无论是地方报纸还是中央的《人民日报》对工商界在抗美援朝运动中的各项活动都有正面报道。这样的报道，如果说只是表现出政府对私营工商业的间接性肯定与认可，那么，中央财经委员会主任陈云的表态，则无疑代表了政府对当时私营工商业的一种肯定的声音。1951年7月20日，陈云在一次会议的总结讲话中说："目前全国工商业进一步好转，这表现在工业产品（包括手工业产品）和商业营业额都在增加。……但最好的证明是城市税收逐月增加。第二季度一般是工商业的淡季，但税收已达到十一万亿元以上，超过了第一季度。估计工商业还会继续好转。"有如此形势，陈云表示，包括私营经济在内的"五种经济成分都会发展，各得其所，这是肯定的"，并明确对于私营工商业，政府的对策是"欢迎发展"，欢迎"有利于国计民生的私营工商业的发展。这种发展不但对新民主主义经济有利，对将来搞社会主义也有利。害怕这种发展是错误的"。② 陈云不仅在公开场合这样说，在私下交流时也表示，不要害怕私营工商业的发展，不要急着去限制。在审阅涉及私营工商业限制与发展的文件时，陈云对时任中央直属私营企业局局长薛暮桥说："中华人民共和国万岁！时间长着呢，何必这样匆匆忙忙地去限制他们。……要让私营工商发展，发展起来后还在中华人民共和国，跑不到外国去。"③1951年8月22日，周恩来在一个报告会上对财政工作给予了极高的评价，他说："在抗美援朝战争仍在进行的情况下，我们依然使今年度的财政收支接近平衡，因而使物价没有上涨。这个成绩的伟大不亚于抗美援朝，不亚于镇压反革命，不亚于土地改革。"④ 这个肯定，当然也包括了对当时财税政策的肯定。

以1950年6月工商税收调整为节点，考察1949年10月至1951年底两

---

① 《中国资本主义工商业的社会主义改造·中央卷》上，中共党史出版社1992年版，第205—207页。

② 《陈云文选》第二卷，人民出版社1995年版，第147、149页。

③ 《薛暮桥回忆录》，天津人民出版社2006年版，第221页。

④ 《周恩来年谱（一九四九———一九七六）》上卷，中央文献出版社1997年版，第174页。

年间的工商税收与私营工商业，大致可以分为前、后两个阶段。简单地说，前一阶段，刚刚建立的新政权，为了解决财政困难、恶性的通货膨胀，实施了增加城市税收政策，通过增加税种税目、提高税率，以及通过确定税收任务，以民主评议方法落实任务。最终，增加城市税收的任务完成了，中央财政基本平衡，通货膨胀也基本得到了解决，物价得到了控制。但是，私营工商业却对税收中的问题"叫喊"不已：任务过重，税率过高，民主评议不仅存在不公平现象，也有违税法。这一阶段，可以说，政府"满意"，私营工商业"不满意"。1950 年 6 月全面实施调整工商业政策、调整税收后，国家税收大幅度增长了，私营工商业也进入了所谓的"黄金年"，可以说政府与私营工商业都是"满意"的，是一个"双赢"局面。如此，政府自然有延续这一政策的动力与努力。1951 年 7 月，陈云在会议上不仅说欢迎有利于国计民生的私营工商业发展，还强调"在相当长时期内，国营经济、合作社经济及私人经济互有发展的情况是必然存在的，今后经济发展的道路是很宽阔的。既然大家互有发展，就不至于'短兵相接'"①。然而，不到半年，就"短兵相接"了。随着 1951 年 12 月"三反"运动的开展，针对私人资产阶级的"五反"运动也进行了。"五反"政治运动的开展，意味着以财税的"技术"手段来利用与限制私人资本主义的努力中断；也意味着，高层对调整工商业政策实施以来私营工商业的表现非常不满意。

第三节　修正税制前后的影响：1952—1953 年

薄一波在其著作《若干重大决策与事件的回顾》中说："'五反'运动是在'三反'运动发展过程中引发出来的。"②这一观点客观叙述了这两个历史

---

① 《陈云文选》第二卷，人民出版社 1995 年版，第 150 页。
② 薄一波：《若干重大决策与事件的回顾》（上），中共中央党校出版社 1991 年版，第 161 页。

事件的演进关系，也被学界普遍认同。① 不过，如果把"五反"运动放在中国共产党利用与限制私人资本主义的框架下来看，会发现"五反"运动是中国共产党对私人资本主义"反限制""猖狂进攻"的"反击"与"斗争"。

1949 年 3 月，毛泽东在党的七届二中全会上的报告中提出了对私人资本主义的利用与限制的政策，同时提出要警惕资本主义的"反限制"活动："对于私人资本主义采取限制政策，是必然要受到资产阶级在各种程度和各种方式上的反抗的，特别是私人企业中的大企业主，即大资本家。限制和反限制，将是新民主主义国家内部阶级斗争的主要形式。"② 翻阅这份报告，其中强调与资产阶级和私人资本主义斗争的内容不少："党和军队的工作重心必须放在城市，必须用极大的努力去学会管理城市和建设城市。必须学会在城市中向帝国主义者、国民党、资产阶级作政治斗争、经济斗争和文化斗争，并向帝国主义者作外交斗争。……在拿枪的敌人被消灭以后，不拿枪的敌人依然存在，他们必然地要和我们作拼死的斗争，我们决不可以轻视这些敌人。""中国革命在全国胜利，并且解决了土地问题以后，中国还存在着两种基本的矛盾。第一种是国内的，即工人阶级和资产阶级的矛盾。第二种是国外的，即中国和帝国主义国家的矛盾。……对内的节制资本和对外的统制贸易，是这个国家在经济斗争中的两个基本政策。"③ 这里所列举的"资产阶级"当然包括私人资本主义。"在城市斗争中，我们依靠谁呢？有些糊涂的同志认为不是依靠工人阶级，而是依靠贫民群众。有些更糊涂的同志认为是依靠资产阶级。"④ 这句话里的"资产阶级"就是指私营工商业者了。1950年 6 月，工商业调整政策实施，发展工商业、利用私人资本主义政策成为主导，但是，政府对资本主义的"反限制"仍十分警惕。在这方面，税务机

---

① 参见杨奎松：《1952 年上海"五反"运动始末》，《社会科学》2006 年第 4 期；何永红：《"五反"运动研究》，中共党史出版社 2006 年版。

② 《毛泽东选集》第四卷，人民出版社 1991 年版，第 1432 页。

③ 《毛泽东选集》第四卷，人民出版社 1991 年版，第 1427、1433 页。

④ 《毛泽东选集》第四卷，人民出版社 1991 年版，第 1427 页。

构的反应尤为明显。1950 年 11 月，在中共中央转发的《中南局对于目前税收工作的指示》中，就显示出对私营企业编造假账、偷税漏税等行为的反感与警惕："自我调整工商以来，在税收方面经过我们公开自我批评纠正缺点，端正作风，并进行实际的减免照顾。但工商业者于解除顾虑之后，转而向我进攻，力求减轻负担，形成了新的对立。据反映，他们向我作斗争的方法是瞒、喊、磨、拖、抗五个办法：瞒就是造假账，虚报隐瞒，有瞒到百分之九十五者；喊就是钻我们的空子，到处喊叫，争取其他系统或上层干部的同情，来打击税务干部或下层干部；磨就是利用我们经过协商，然后定额派征这一点，通过各业公会，极力否认我们的调查计算，使协议难达成，迫使我们接受他们的方案，有协商十余次仍无结果者；拖就是以躲避不见，少缴一点，找借口观望等待，缴新不缴旧、缴少不缴多等等，用合法手段进行拖延；抗就是以辱骂、殴打、贿赂、拒收通知等等非法手段实行抗拒，甚至有将税务人员推到河里者。"[1]1951 年 7 月，陈云在相关会议上指出私人企业暴利思想日趋严重："私营工业过去对政府的加工订货感恩不尽，现在有一部分人已经把加工订货看作负担，因为加工订货只能给他们以正常利润，不能给他们以暴利。现在这种现象还未泛滥起来，对此不能作过分估计，但应指出，这种趋势是在增加。"[2]1953 年 5 月，李维汉在总结这一时期私人资本主义唯利是图、追求利润的行为时，上升到与国家政府的冲突层面："在加工、订货等形式上，资本家的一般的行动规律是困难的时候要求国家多加工、多订货，而在销路好、利润高的时候，就多方想摆脱国家的加工和订货，并乘机大肆偷工减料，盗窃国家资财，这在一九五〇年下半年和一九五一年期间是资产阶级对国家进行反限制斗争的主要内容之一。"[3]而毛泽东对私营工商

---

① 《中共中央文件选集（一九四九年十月——一九六六年五月）》第四册，人民出版社 2013 年版，第 286—287 页。

② 《陈云文选》第二卷，人民出版社 1995 年版，第 148—149 页。

③ 《建国以来重要文献选编》第四册，中央文献出版社 1993 年版，第 220—221 页。

业在工商业调整后的表现则更显"政治情绪"："资产阶级过去虽然挨过一板子，但并不痛，在调整工商业中又嚣张起来了。特别是在抗美援朝加工订货中赚了一大笔钱，政治上也有了一定地位，因而盛气凌人，向我们猖狂进攻起来。"①资本家行贿、偷税漏税、偷工减料、追求暴利等行为，不再被视为违法或"反限制"行为，而是代表了整个资产阶级向新政权的"猖狂进攻"。如此，当然有必要来一个全面的"坚决的反攻"，更何况资产阶级的"这种进攻比战争还要危险和严重"，而且持续了"三年"。②如此，没有"三反"运动，针对资本家"猖狂进攻"的"五反"运动也会爆发。在"五反"运动中，反对偷税漏税是一项重要内容，这项内容需要由税务部门来完成确定；而税务部门对工商私营企业经营状况最为熟悉，加上"资产阶级又以各种手段拉拢腐蚀税务干部"。因此，税务部门在"五反"运动中当然会积极参加。整体而言，税务部门在"五反"运动中，主要是做收集整理揭发私营企业偷税漏税的资料、参与定案和清理退财的工作。③这些工作，理论上并不属于税务部门的日常工作。

虽然视资本家的猖狂进攻"比战争还要危险和严重"，但是，此时的资产阶级毕竟不是战争的敌人，不是生死决战的战场；同时，基于对经济生产、财政税收的考量，"五反"运动的发动还是确定限时、限地区的规定；运动进行时也注重"团结多数、孤立少数""放手发动群众与严格控制相结合"，实行"过去从宽、今后从严；多数从宽、少数从严；工业从宽、商业从严；普通商业从宽、投机商业从严"原则；在结案处理时，更是奉行了宽大原则。尽管如此，运动的进行还是使城市工商业受到了极大的冲击，税收也受到影响。在这样的背景下，又进行了第二次工商业调整。在"五反"运动

---

① 转引自薄一波：《若干重大决策与事件的回顾》（上），中共中央党校出版社1991年版，第165页。

② 《毛泽东文集》第六卷，人民出版社1999年版，第192页。

③ 《中华人民共和国工商税收史长编》第一部，中国财政经济出版社1988年版，第186—187页。

即将结束时，毛泽东提出："打击要适可而止，不能走得太远；走得太远，就要发生问题。我们已经对资产阶级打了一下，现在可以在新的基础上和他们讲团结了。"[①] 这次工商业调整，采取的政策与措施有：降低银行利率，增加对私营企业的放款额度；扩大对私营工业的加工订货和产品收购；调整私营商业，主要通过扩大批零差价、地区差价、季节差价，划分公营商业与私营商业的经营范围，给私营商业留出市场空间与利润，以维护私营商业的存在。工商税收的调整也提上了日程，不过，税收政策的调整涉及面大，相对而言又是一个较为复杂的"技术"行政工作。税务总局从 1952 年第二季度开始就做了大量的调查研究工作，经过 6 个月时间，到 9 月才向财政部提出《改革现行税制草案初稿》；经过多次修改，12 月 31 日向全国公布了"修正税制"，主要内容有：《关于税制若干修正及实行日期的通告》《商品流通税试行办法》《商品流通税税目税率表》《货物税税目税率表》《合并计征后营业税分级税率对照表》。修正税制的出台时间，正值"五反"后缓和与私营工商业的矛盾、实施工商业调整时期，自然在税制上要考虑私营工商业的诉求，以求工商业复苏繁荣起来，进而增加国家税收。修正税制的出台，从一定意义上说是新政权延续之前用税收等"技术"手段来"利用"与"限制"私营工商业的努力。

　　然而，修正税制的出台立刻引发了新中国成立后党内一次较为激烈的"风波"，"限制"私营工商业随后成为新政权的主导意识。修正税制宣布取消对合作社征收营业税优惠政策，取消合作社成立第一年免纳所得税的规定，提出"国营企业和私营企业都要按照修正的税制纳税"原则（薄一波将其简化为"公私一律平等纳税"），这些政策当然有利于私营工商业的生产经营。不过，修正税制在 1953 年 1 月 1 日开始实施后，迅速导致了"新税制风波"：市场上出现物价波动，党和政府内部出现不同的声音。最后，修正

---

　　① 转引自薄一波：《若干重大决策与事件的回顾》（上），中共中央党校出版社 1991 年版，第 176 页。

税制被认定是错误的政策与措施。1953 年全国财经会议作出结论：修正税制的实施，"使税负公重于私，工重于商，打击了工业，特别是落后工业，帮助了私营商业，特别是大批发商，并使市场一度发生混乱，造成群众不满。这样，就有利于资本主义经济，不利于社会主义经济和半社会主义经济。依照二中全会决议，税收政策是限制私人资本主义经济的一个方面，故对私人资本主义经济与对国营经济和合作社经济应该区别对待，亦即'有所不同'。但修正税制却提出了'公私一律平等纳税'口号，不但取消了对国营经济和合作社经济的便利和优待，反而给私人资本主义经济以更多便利"，"修正税制的错误，是违反二中全会决议在这方面所规定的原则的错误"。[①] 修正税制引发的风波被研究者认为是"中华人民共和国成立后第一次激烈的党内斗争、思想整合和党政关系改组"，"修正税制最后被彻底否定"了。[②]

修正税制被否定，并不表示对私营工商业"利用"政策的终结，私人企业仍然合法存在，但是，整体限制私人企业的发展成为政策的发展方向。随着过渡时期总路线的提出，政府开始推进把私人资本主义企业通过国家资本主义改造为国营企业的工作进程，国家资本主义被视为"利用和限制资本主义的主要形式"[③]。"国家资本主义是改造资本主义工商业和逐步完成社会主义过渡的必经之路。"[④] 这样，以税收作为利用与限制私人资本主义的重要手段也就基本结束了。

---

① 武力：《一九五三年的"修正税制"及其影响》，《中国社会科学》2005 年第 5 期。

② 武力：《一九五三年的"修正税制"及其影响》，《中国社会科学》2005 年第 5 期。

③ 《建国以来重要文献选编》第四册，中央文献出版社 1993 年版，第 225 页。

④ 《建国以来重要文献选编》第四册，中央文献出版社 1993 年版，第 344 页。

结　语

　　1952 年 6 月 11 日，陈云在全国统战工作汇报会议上发表了题为《市场情况与公私关系》的讲话。他说："假设有人问：国家的税收是不是很重？这个问题一九五〇年也有人问过，我说，不轻。我们说重也不好，说轻也不好，应该说不轻。世界上的事情就怪在这里，我们所有的税率都是接收孔祥熙的，而且还精简了一点，但是我们还比他们收的多。现在我们一年的税收，大约合二十三亿元光洋。国民党在九一八事变以前，包括东北在内，也不过收八亿到九亿元光洋。税率是他们的，我们还加以'精兵简政'，他们比我们收的少。"①这段话里道出的史实，成为后来学术界研究新中国成立初期城市工商税收的问题起点：为什么"从山沟里来的，土头土脑"的中国共产党人，没有管理城市经验，却能在执政全国之初在税收上取得如此成绩？

　　当时，陈云给出了一个解释："上海的资本家说：'国民党复杂简单，共产党简单复杂'。国民党税务条例多得很，形式上复杂，看起来不好办，事实上很简单，只要贿赂一下就行了。共产党办银行的也好，办工业的也好，搞税收的也好，都是从山沟里来的，土头土脑，看起来很简单，但是他们很认真，搞什么事情就开会讨论，一开会就'复杂'了。"②国民党腐败，共产

---

　　① 《陈云文选》第二卷，人民出版社 1995 年版，第 180 页。

　　② 《陈云文选》第二卷，人民出版社 1995 年版，第 180—181 页。

党认真！在真实数字面前，陈云借上海资本家的话给出概括性的解释当然是有说服力的。不过，后来的历史研究者还想知道更详细的原因。何况一个重大的历史现象，不可能由一两个原因所导致，更何况如果进一步追问下去，还有许多问题需要解释：中国共产党为什么能够"很认真"？为什么在税收工作中能够"很认真"？当时城市税收机构中大量的工作人员仍是原国民党机构中的"旧职员"，这些人在国民党时期搞腐败，在新政权里却"认真"起来了，这是为什么？此外，共产党的"简单复杂"是怎样的简单与复杂？等等。

随着这一时期相关资料的陆续公布，自 20 世纪 80 年代末开始，学界便有了相关研究与讨论。文档的整理、事件的梳理与史实的叙述，使这一时期的城市工商税收呈现出基本的历史脉络与画面。进入 21 世纪后，研究进一步深入，有学者认为新中国成立初期征税能力（国家汲取能力）大幅度提高，是因为新政权具有高度的自主性，摆脱了国民党政府时期的既得利益包袱，通过制度创新，确保税收人员和纳税人遵从国家统一的意志；有的学者则认为财经的高度中央集权、组织纳税户的能力、阶级斗争的政治动员，以及对纳税户分而治之的策略等才是重要因素；当时城市工商税收具体的征税方法也自然成为学者们研讨的对象。这些研究成果自然是本书研究的基础，而回答前述的问题，则是本书要努力的目标。本书前面六章，在忠于史料的前提下，书写新中国成立初期城市工商税收的历史，呈现当时中国共产党在城市工商税收方面的政策方法及其背后的历史、理念；新政权税收机关的建立与运行，对新旧人员的管理、改造与淘汰；政治运动与工商税收、工商阶层；等等。这些基于史实的、具体的历史叙述与研讨，基本厘清与梳理了当时相关的历史现象与事实关联。在结语部分，把 1949—1953 年新政权城市工商税收放在自抗战尤其是 1937 年以来中国长期处于战争状态的恶性通货膨胀这样一个历史背景中来审视与分析，以求更深入地讨论与解释新中国成立初期中国共产党城市工商税收。

　　1949 年 3 月，中共中央在七届二中全会上决定成立中央财政经济委员会，以统一领导全国财经工作，这表明当时还未执政全国政权的中国共产党已充分认识到财经问题在新中国的重要性了。新中国成立之时面临的是一个怎样的财经局面呢？胡绳说，在经济上，新中国所面对的是一个十分落后的千疮百孔的"烂摊子"。对这个"烂摊子"，有学者概括为是一个"财政经济总崩溃的局面"：社会生产力遭到野蛮摧毁；流通领域正常秩序无法维持，社会产销和供求关系极度混乱；财政破产，币信丧失，恶性通货膨胀如脱缰野马。[①] 尤其是其中的恶性通货膨胀，直接把人民生活推入苦难深渊。1937 年全面抗战以来，国民党财政赤字一直持续增长，抗战胜利后，有增无减。

　　庞大的财政赤字，都由银行增发货币来解决，造成了恶性通货膨胀，致使物价出现了比抗战时期更为疯狂的增长。1947 年 7 月 24 日，美联社曾形象地描述：法币 100 元可以购买原物品，1940 年为一头猪，1943 年为一只鸡，1945 年为一条鱼，1946 年为一个鸡蛋，1947 年则为 1/3 盒火柴。[②] 没有最疯狂，只有更疯狂。到了 1948 年 1 月，物价出现了每两个月翻一番局面；而 1949 年 5 月中国人民解放军进入上海前夕，美元官方汇率较 3 月提高了 40 倍，米价则提高了 451 倍。[③] 有学者认为，通货膨胀是国民党政府失败最重要的原因之一。

　　国民党垮台了，"恶性通货膨胀"——这座压倒国民党政权的"大山"，以及整个国家陷入经济危机与社会危机的"烂摊子"，并没有随着国民党政府的垮台而消失。同时，新政权由于解放战争仍在继续、国民经济生产恢复以及对旧政权人员实行"包下来"政策，财政开支远大于收入，赤字庞大，通货膨胀情况依旧十分严重。[④] 这样，通货膨胀问题也就同样成为新政府生

---

① 迟爱萍：《新中国第一年的中财委研究》，复旦大学出版社 2007 年版，第 28—33 页。

② 《中国共产党的七十年》，中共党史出版社 1991 年版，第 234 页。

③ 董志凯：《1949—1952 年中国经济分析》，中国社会科学出版社 1996 年版，第 40 页。

④ 贺水金：《试论建国初期的通货膨胀及其成功治理》，《史林》2008 年第 4 期。

死存亡的最大挑战。新中国成立之前，中共中央就成立了以陈云为主任的中财委，中财委的成立说明当时中央已充分认识到财经工作与新中国的关系，认识到解决通货膨胀、财政困难问题的重要性。新中国成立后，中共中央更加强调要把财经作为中心工作去做。在党的七届三中全会前夕，中共中央下文要求"各中央局主要负责同志必须亲自抓紧财政金融经济工作，各中央局会议必须经常讨论财经工作"，"中央政治局现在几乎每次会议都要讨论财经工作"。[①] 胡绳在《中国共产党的七十年》中就说，新政权"有没有能力制止恶性的通货膨胀和物价上涨，把经济形势稳定下来，把生产恢复起来，使自己在经济上从而在政治上站住脚跟，这在当时是比进军和剿匪更加困难的新的严峻考验"[②]。对当时刚刚进城、从战争硝烟中走上天安门的中国共产党人来说，这的确是一个比军事作战更为严峻的考验。历史已给出了答案：中国共产党在新中国成立后不久就解决了问题。从 1949 年秋冬开始，到 1950 年上半年，新政权在短短几个月就基本解决了恶性通货膨胀问题。这可是国民党政府自 1937 年以来十多年都没有解决的顽症。

中国共产党政权在短时间里就能解决国民党政府一直没能解决的恶性膨胀问题，原因肯定是多方面的，所采取的措施也无疑是系统的、全面的：解放战争的迅速胜利、土地改革形成的农村"红利"、利用政府"有形之手"严厉打击投机势力，实行"临时应急与长效治理相结合，经济手段、行政干预双管齐下，金融、财政政策同时跟进，标本兼治的方略"[③]。基于本书研究主旨，在这里只讨论税收与通货膨胀解决的问题。

抗战以来至新中国成立初期出现的通货膨胀，客观地说，都与战争有关。在战争状态下，为了获取战争胜利，政府财政支出的迅猛增加不可避免，如何解决增加的支出呢？普遍而可行的做法有三种：增加税收、发行公

---

① 《中国共产党的七十年》，中共党史出版社 1991 年版，第 289 页。
② 《中国共产党的七十年》，中共党史出版社 1991 年版，第 272—273 页。
③ 贺水金：《试论建国初期的通货膨胀及其成功治理》，《史林》2008 年第 4 期。

债以及增加货币发行量（多印钞票）。多印钞票必然会带来通货膨胀，为避免恶性的通货膨胀，就要尽量少印钞票，而要在增加税收、发行公债上多下功夫。但是，增加税收、发行公债不仅需要时间成本，同时也会遇见纳税者的显性与隐性的抵抗；而政府控制了钞票权，实施起来最快速方便，阻力也最小，所以政府都会自然选择通过多印钞票这一方法来解决战争财政问题。通过增加货币发行量来解决战争时期的财政支出，通货膨胀当然也就不可避免。新中国成立前后的通货膨胀也是因为如此。通货膨胀的长期存在以及恶性的发展必然会对整个国家经济、社会造成破坏，进而会危及政权的稳定。如此，政府又不得不回过头来解决问题。既然通货膨胀是因为财政收支不平衡所导致，那么，要根本上解决问题，其路径就是通过实现财政收支基本平衡来解决，一方面尽量减少开支，另一方面通过增加税收、增发债券增加收入。这其实是财经界、政界的共识。

对于这一根本性解决问题的理论与路径，陈云等中央财经领导人有一个认识和实践的过程。在解放战争阶段，他们也曾通过增加货币发行量来解决财政困难，但是，随着对经济形势与理论的了解，逐渐意识到多印钞票是导致通货膨胀恶果的重要原因，从而认识到必须改变策略。在1949年底，中央财经最高层就已经明确政策调整了。1949年12月，在首届全国税务会议上，陈云在谈到解决财政困难时明确指出，"摆在我们面前的只有两条道路，需要我们作出选择：一为增加税收，一为发行票子。发行票子有什么结果呢？通货膨胀……所以，我说只有一条路可走，一为增加税收，这是最好的办法"①。薄一波在会上说得更全面，他说，解决问题的"第一个方法是增加税收，第二是发行公债"②。从后来实施来看，新政府根本上解决通货膨胀问题、解决财政困难的路径就是陈云、薄一波所说的路径，即通过增加

---

① 《陈云文集》第二卷，中央文献出版社2005年版，第40页。

② 《中华人民共和国财政史料·工商税收》第四辑，中国财政经济出版社1987年版，第40页。

税收、发行公债等方法增加收入，同时减少开支，最终实现基本收支平衡。国民党政府难道不知道这一理论与路径？国民党政府中有现代财经知识背景的官员并不少，他们当然知道解决通货膨胀问题的理论与路径，现有史料也充分证明了这一点。但是，他们却没有做到，为什么？张嘉璈在其研究中指出，国民党之所以无法解决1939—1949年间愈演愈烈的通货膨胀问题，不是认识上的问题，而是国民党政府无力通过增加税收等非通胀手段来解决问题，"加税和其他要求做出更大的牺牲的措施需要有强有力和广泛的政治支持"，然而，国民党政府却"无力"去做，"没有智慧和勇气去采取那些不受欢迎的政策"。① 为什么国民党政府"无力"且没有"勇气"？这个问题后面再进行解答，先来讨论这一个问题：新政权在税收上是否建立并有效地实施了新制度、新政策、新方法？

中国共产党新政权既然在解决问题的路径上没有"另辟蹊径"，那么，在税收的体制制度、政策与方法上是否有创新与不同呢？创新当然有，全国建立了统一的税收机构，完全改变了国民党时期税收机构混乱的局面；管理上实施"区段专责管理"、通过居民组织来确定纳税户；方法上在城市工商税收中实行以民主评议为主要征税方法，开展职工店员协税工作等。不过，这些是"技术"性的改革与创新，其中有不少内容，如怎样解决机构混乱、如何有效摸清纳税户以及有效进行征收税等。以征收所得税、营业税等工商业税的方法为例，中国城市工商业户绝大多数没有健全的账簿，有账簿的，其真实性也存在很大的问题，这一现象是近现代中国的老问题，为了解决这一问题，国民党税收机构在工商税收中实行了"径行决定"，采用"估计征办""简化稽征"进行。这一征税方法与中国共产党新政权实行的"民主评议"相比，在解决问题的方向上是相同的，即通过先确定一个地区的税额总量，然后再确定各业各户税额，区别只是在于具

---

① 张嘉璈：《通货膨胀——国民党政权垮台的关键因素》，中信出版社2018年版，第415—417页。

体操作上不同。如此，在征税方法上，又应验了张嘉璈的分析结论，不是
国民党没有认识到问题的存在，没有解决问题的方法，而是无力去解决问
题。也就是说，"路径""方法"并不是中国共产党政权取得增税业绩、解
决通货膨胀的根本原因。根本原因在于中国共产党具备国民党没有的智慧
和勇气。

行文至此，政党的阶级性、政治性作为根本、关键的原因便呈现出
来。以本书讨论的城市工商税收为例，为解决通货膨胀、解决财政赤字，
政府就要增加财政收入，增加财政收入就要多收税，在当时之中国，多收
税，事实上、实际上就是必须向城市工商业阶层、富人多收税。1927 年后，
执政国家政权的国民党自称不代表某个阶级利益，但是，在国共合作破裂
后，它在组织上实行了"不要民众"的构建，[1] 因而，它在根本利益上实际
代表富裕阶层、大地主、大资产阶级的利益，它的成员更多地与地主资产
阶级、富人阶层利益有千丝万缕的联系。[2] 这样，向资产阶级、富人征税、
募债等工作根本就难以推进。张嘉璈在书中列举的一个例子就很好地说明
了这一点：上海某公司，1945 年按税务局的估计，其所得税应该是 600 亿法
币，但是行业公会的评估结果却只有 130 亿法币，税务局和商会经过长时
间的沟通谈判后，税务局将其评估降低到 450 亿法币。该公司拒绝接受这
一评估结果，并一再强调特殊时期的经营困难，最终仅在 1946 年底实际缴
付了 45 亿法币，此间，商品价格上升了 9 倍，政府所获税收的不变价值降

---

① 王奇生：《党员、党权与党争：1924—1949 年中国国民党的组织形态》，华文出版社
2015 年版，第 152 页。

② 海内外学界对国民党的阶级性有不同观点，相对而言，国内学者强调国民党与地主资
本家利益一致性；海外研究则更多注意到两者间的冲突与矛盾。也有学者"模糊"国民党的阶
级性，认为"国民党执政以后，一再声称其代表'全民'利益，而事实上，'全民'中没有哪
一个阶级，真正认同或感觉到国民党确实代表了他们的利益"。本书坚持用阶级性来分析国共
两党，并认为国民党根本上与实质上是代表了大地主、大资产阶级（富裕阶层）的政党。参
见王克文：《史家眼中的国民党中国》，《知识分子》1985 年春季号；王奇生：《党员、党权与党
争：1924—1949 年中国国民党的组织形态》，华文出版社 2015 年版。

低到了 5 亿法币，也就是其最初评估值的 1.1%。[①] 正是基于这样的事实，张嘉璈在讨论国民党无力去执行增税政策时，说国民党政府"没有智慧和勇气去采取那些不受欢迎的政策"，是因为他们"担心触犯既得利益"，得罪工商业者，"不敢坚持直面困难"。[②] 张嘉璈的事后"复盘"研判的结论可谓是鞭辟入里。如果我们再深究，不难得出深层次原因其实是因为政党的阶级性所导致。张嘉璈说国民党不能解决问题是"担心触犯既得利益"，其实质也就在于此。正如前文所述，始于 1937 年后的通货膨胀，客观分析是与战争状态相关。对于因战争引发财政困难，现代国家的操作手法是增税、募债、发钞来解决，在选项上，优先选择前两种方法，不得已用发钞方法时，也是追求"最小限"——以避免恶性通货膨胀的出现。但是由于增税、募债主要是要针对富裕阶层，国民党根本推动不了，或不愿意推动，便"挑选抵抗力最小的方向走"——发钞。发钞引发通货膨胀，对平民百姓而言是灾难，但对富有阶层，尤其是权贵豪门则是发财机会。曾在国民党税务机关任职的财经学者崔敬伯撰文指出这一点：通货膨胀对于"富有阶层，不仅吃不了亏，反而要从这里找便宜。因为物价不断地往上跳，做生产发财的机会也越多，而这种机会，决不是仅持劳动'由手到口'的大众所能享有的，只有权门、豪门，或勾结得手的准豪门，才可以享有近水楼台长袖善舞的机会。无论是套取贷放，无论是抢购黄金，无论是玩弄外汇，都可以藉着恶性的膨胀，沾到莫大之光"[③]。就是说发行钞票的方法，不仅不会削弱豪门权贵的财富，反而会增加他们发财的机会。张嘉璈把国民党"政府从未认真尝试用税收收入来平衡开支，也没有采取有效措施来减少个人和商人的可支配货币收入，更不曾主动考虑过彻底的税收改革"

---

① 张嘉璈：《通货膨胀——国民党政权垮台的关键因素》，中信出版社 2018 年版，第 180 页。

② 张嘉璈：《通货膨胀——国民党政权垮台的关键因素》，中信出版社 2018 年版，第 415—417 页。

③ 《崔敬伯财政文丛》（下），中央编译出版社 2015 年版，第 1197—1198 页。

说成是"不幸的"，①可是根据崔敬伯的分析，这就不是什么"幸"与"不幸"的问题，而是故意之选择。方法选择的背后隐匿的不正是政党和政府阶级性的取向？ 1948 年 8 月，处于生死一线的国民党政府为挽救财经危机而强力推行"金圆券改革"，蒋介石派其子蒋经国亲自上阵"打虎"。上阵父子兵，蒋氏父子不可谓不下最后之决心，结果仍是以惨败而告终。其原因固然很多，但是，其中面对"自家"获利群体而"无力"下手应是重要原因之一。② 在财税政策里，政党、政权的阶级性作为决定性因素的存在应该是无疑的。这一点，在对比 1949 年后中国共产党执政后的情形就能更清晰地看出来。

中国共产党自成立起始终坚持自己的无产阶级政治代表，这一点无论是在农村开展土地革命，还是入城后执掌全国政权时都如此。在党的七届二中全会上，毛泽东直言，在城市斗争、工作中，"我们依靠谁呢？有些糊涂的同志认为不是依靠工人阶级，而是依靠贫民群众。有些更糊涂的同志认为是依靠资产阶级"③。作为马克思主义政党，中国共产党人早就认识到，无产阶级要彻底解放自己，必须解放全人类，即必须最终消灭资本主义、资产阶级，实现没有阶级和阶级差别的共产主义。④ 认识到中国共产党这一个坚定的政治属性，就很清楚地理解新中国成立初期在城市实行增加税收政策时的立场与态度了。在决定把增加城市税收作为解决财政困难、消除通货膨胀的方案之后，各级税务机构都坚定执行，对于城市工商业阶层"叫喊"和抱怨税重的反应，中财委主要领导一方面通过历史对比、城乡对比、经营数据等来说明城市增税的合理性；同时在各种大会上强调：我们"不要听信资本家

---

①　张嘉璈认为国民党政府没有认真执行相关政策是不幸的。参见张嘉璈：《通货膨胀——国民党政权垮台的关键因素》，中信出版社 2018 年版，第 276 页。

②　杨天石：《蒋经国"打虎"为何失败》，《炎黄春秋》2013 年第 9 期。

③　《毛泽东选集》第四卷，人民出版社 1991 年版，第 1427 页。

④　沙建孙：《中国共产党和资本主义、资产阶级》（上），山东人民出版社 2005 年版，第 3—4 页。

的叫喊。征税，不管怎么样，资本家是要叫的"；①"不要害怕叫喊"；对于资产阶级的"叫喊"、不配合新政府政策的行为，轻则视为对新政权的不信任、"观望"，经济上"较量"，重则视为政治上"反对"。而对工商业者在偷税漏税的方式方法与数量、资本家和商人的"唯利是图"的本性和危害性更是在大会上、报纸媒体上公开揭露揭批："中国资产阶级也同世界各国的资产阶级一样，具有唯利是图、损人利己、投机取巧的本质。因此，解放后，他们中间有很多人，正如天津工商界自己所检举的，常常以行贿、欺诈、牟取暴利、偷税漏税等犯法行为，盗窃国家财产，危害人民利益，腐蚀国家工作人员，以逐其少数人的私利"；如果任其发展，"则我们革命派、人民政府、人民军队、人民团体日益受着资产阶级的侵蚀，其前途将不堪设想"。② 不怕资本家"叫喊"，显现出的是政党政权的阶级政治立场。从中国共产党的革命历史看，税收政策、理念及实践中坚持阶级性，向富裕阶级多征税立场一直没有改变，新中国成立后自然也承继、坚持了这一立场与经验。③ 正是基于政党的阶级性与政治理念，相关政策的制定者与执行者便具备了充足的正当性依据。在日常工作中表现在各级税务机构及税收人员向城市资产阶级征税时，完成任务目标和执行力量都坚定不移；对于资方违法乱纪的"五毒"行为，就能认为是资产阶级向新政权的"猖狂进攻"而发动"五反"运动；对于在运动期间存在的问题敢于正视、容纳。阶级政治不仅使新政权敢于对富裕阶层征税时不手软，同时在征税组织、方法上也能有所"创新"，如建立职工店员协税组织，帮助税务机构进行征税工作；在工商业联合会、民主评议会、税务复议委员会等组织强调中、小商户代表的比例。这些"创新"

---

① 《中华人民共和国财政史料·工商税收》第四辑，中国财政经济出版社1987年版，第38页。

② 周恩来：《"三反"运动与民族资产阶级》，《人民日报》1952年1月8日。这是周恩来在中国人民政治协商会议第一届全国委员会第三十四次常务委员会上的讲话要点。

③ 蒋贤斌、赖红羽：《坚持与调适：新民主主义革命时期中国共产党税收理念的演变》，《中国井冈山干部学院学报》2019年第5期。

对于国民党政府而言，是绝对不可能被"创"出来的。其中的缘由，不也折射出政党的阶级性、政治性吗？当然，当我们把分析问题集中于主体之时，政党的阶级性不能说明一切，中国共产党的主义与理想、组织的集中统一、纪律的严明、执行力的刚性等自然也是要考虑的。基于学术界对此均有论述与共识，本书就不再赘述。

指出与强调政党阶级性、政治性在新中国成立初期税收成绩中的作用，是本书研究的结论之一。但是，需要指出的是，这一在战争状态、危机时期下的特征与经验，不能全盘照搬运用到和平年代、建设时期的经济发展、税收工作之中去。和平与战争是两种完全不同的环境，和平年代有充裕的时间和空间让各方力量通过法律秩序、政治协商途径来解决问题，尤其是财经问题，不需要用"霹雳手段"处理问题，走依法治国的道路，才是长远之道。

参 考 文 献

一、著作

1.《马克思恩格斯选集》第一卷，人民出版社 2012 年版。

2.《列宁选集》第一卷，人民出版社 1995 年版。

3.《毛泽东选集》第一至四卷，人民出版社 1991 年版。

4.《邓小平文选》第一卷，人民出版社 1994 年版。

5.《周恩来年谱（一九四九——一九七六）》上卷，中央文献出版社 1997 年版。

6.《薄一波书信集》（上），中共党史出版社 2009 年版。

7.《薄一波文选（一九三七——一九九二）》，人民出版社 1992 年版。

8.《陈云文集》第二卷，中央文献出版社 2005 年版。

9.《陈云文选》第二卷，人民出版社 1995 年版。

10.《陈毅传》，当代中国出版社 2015 年版。

11.《崔敬伯财政文丛》（上、中、下），中央编译出版社 2015 年版。

12.《顾准自述》，中国青年出版社 2002 年版。

13.《刘少奇传》（下），中央文献出版社 2008 年版。

14.《毛泽东传（1893—1949）》（上册），中央文献出版社 1996 年版。

15.《中共中央文件选集》第 1—18 册，中共中央党校出版社 1989 年版。

16.《建国以来重要文献选编》第 1—3 册，中央文献出版社 1992 年版。

17.薄一波：《若干重大决策与事件的回顾》（上），中共中央党校出版社 1991 年版。

18.本书编辑组：《华北解放区财政经济史资料选编》第一辑，中国财政经济出版社 1996 年版。

19.本书编委会：《当代中国的工商税收》，当代中国出版社 2009 年版。

20.本书编写组：《东北解放区财政经济史资料选编》，黑龙江人民出版社 1988 年版。

21.本书编写组：《晋绥边区财政经济史资料选编·财政篇》，山西人民出版社 1986 年版。

22.本书编写组：《中国革命根据地的税收》，中国税务出版社 2011 年版。

23.财政部税务总局：《中华人民共和国财政史料·工商税收》第四辑，中国财政经济出版社 1987 年版。

24.陈柏村：《张闻天东北文选》，黑龙江人民出版社 1990 年版。

25.迟爱萍：《新中国第一年的中财委研究》，复旦大学出版社 2007 年版。

26.崔国华：《抗日战争时期国民政府财政金融政策》，西南财经大学出版社 1994 年版。

27.董志凯：《1949—1952 年中国经济分析》，中国社会科学出版社 1996 年版。

28.范晓春：《中国大行政区（1949—1954 年)》，东方出版中心 2011 年版。

29.国家税务总局：《中华民国工商税收史——税务管理卷》，中国财政经济出版社 1998 年版。

30.国家税务总局：《中华民国工商税收史——直接税卷》，中国财政经济出版社 1996 年版。

31.何永红：《"五反"运动研究》，中共党史出版社 2006 年版。

32.江西省税务局等：《中央革命根据地工商税收史料选编》，福建人民出版社 1985 年版。

33.蒋贤斌：《出走：顾准思想研究》，福建教育出版社 2010 年版。

34.李国芳：《初进大城市——中共在石家庄建政与管理的尝试（1947—1949)》，社会科学文献出版社 2008 年版。

35.李锐：《李锐往事杂忆》，江苏人民出版社 1995 年版。

36.刘志城：《中华人民共和国工商税收史长编》第 1—3 部，中国财政经济出版社 1988 年版。

37.千家驹：《从追求到幻灭——一个中国经济学家的自传》，时报文化出版企业有限公司 1993 年版。

38.沙建孙：《中国共产党和资本主义、资产阶级》（上），山东人民出版社 2005 年版。

39.上海市档案馆：《上海解放》，档案出版社 1989 年版。

40.沈志华：《俄罗斯解密档案选编（中苏关系)》第一卷，中国出版集团东方出版中心 2015 年版。

41.沈志华：《苏联专家在中国（1948—1960)》，社会科学文献出版社 2015 年版。

42.孙瑞鸢：《三反五反运动》，新华出版社 1991 年版。

43.王炳林：《中国共产党与私人资本主义》，北京师范大学出版社 1995 年版。

44.王奇生：《党员、党权与党争：1924—1949 年中国国民党的组织形态》，华文出版社 2015 年版。

45.王顺生、李军：《"三反"运动研究》，中共党史出版社 2006 年版。

46.魏宏运：《抗日战争时期晋察冀边区财政经济史资料选编·财政金融编》，南开大学出版社 1984 年版。

47.吴承明、董志凯：《中华人民共和国经济史（1949—1952)》第一卷，中国财政经济出版社 2001 年版。

48.星光、张扬：《抗日战争时期陕甘宁边区财政经济史稿》，西北大学出版社 1988 年版。

49.熊月之：《上海通史·当代政治》第 11 卷，上海人民出版社 1999 年版。

50.薛暮桥：《薛暮桥回忆录》，天津人民出版社 2006 年版。

51.易庆瑶：《上海公安志》，上海社会科学院出版社 1997 年版。

52.余伯流、凌步机：《中央苏区史》，江西人民出版社 2001 年版。

53.中共中央党校党史教研室：《中共党史参考资料》（七），人民出版社 1980年版。

54.中国社会科学院经济研究所、中国现代经济史组编：《革命根据地经济史料选编》（下），江西人民出版社 1986 年版。

55.中华人民共和国财政部、《中国农民负担史》编辑委员会：《中国农民负担史》第三卷，中国财政经济出版社 1990 年版。

56.中央档案馆：《共和国雏形——华北人民政府》，西苑出版社 2000 年版。

57.中央档案馆：《晋察冀抗日根据地》第一册（上），中共党史资料出版社 1989年版。

二、论文

1.曹佐燕：《"胜利负担"：中共对旧政权公务人员处置的演变（1945—1952)》，《史林》2017 年第 2 期。

2.成保良：《毛泽东、刘少奇、张闻天关于利用资本主义思想的比较研究》，《中共党史研究》2001 年第 1 期。

3.董志凯：《从建设工业城市到提高城市竞争力——新中国城建理念的演进（1949—2001)》，《中国经济史研究》2003 年第 1 期。

4.杜晨：《八一革命大学与新江西建设》，硕士研究生论文，江西师范大学，2011 年。

5.葛荃：《论孟子仁政思想的历史合理性与政治正当性》，《政治思想史》2018 年第 1 期。

6.关吉玉：《营业税三三论》，《四川营业税周报》1937 年 11 月 1 日。

7.贺水金：《试论建国初期的通货膨胀及其成功治理》，《史林》2008 年第 4 期。

8.虹流：《谈北平市营利事业所得税——并与伍丹戈先生商榷》，《人民日报》1949 年 9 月 4 日。

9.胡荣明：《地权与税制——抗日根据地农业税的结构性分析》，《中国经济史研究》2017年第1期。

10.华山：《对新工商业税法应有的几点认识》，《税工研究》1950年第12期。

11.贾国成：《上海工商界与抗美援朝》，硕士学位论文，东华大学，2014年。

12.蒋贤斌：《1949—1950年城市税收增长的原因——以南昌市税务局为例》，《当代中国史研究》2017年第5期。

13.蒋贤斌：《新中国成立初期关于税收方法的讨论》，《江西社会科学》2010年第9期。

14.巨文辉：《统一累进税：抗日根据地财政建设的伟大创举》，《山西财经大学学报》2003年第3期。

15.柯伟民：《营业税与民国时期的税收现代化（1927—1949）》，博士学位论文，复旦大学，2015年。

16.李良玉：《关于镇压反革命运动的几个问题》，《南京晓庄学院学报》2013年第5期。

17.李予昂：《开国两年来的税务工作》，《税工研究》1951年第11、12期合刊。

18.梁宝伟：《毛泽东的"大仁政"观探析——兼论大仁政是中国共产党执政的鲜明特征》，《毛泽东邓小平理论研究》2017年第3期。

19.梁桂珍：《建国前夕刘少奇对经济建设和城市工作理论与实践的探索》，《中共党史研究》1994年第4期。

20.林锦章：《做好城市税收工作》，《长江日报》1950年12月19日。

21.刘诗古、曹树基：《新中国成立初期土地改革中"工商业兼地主"的政治身份认定——以南昌县为例》，《中共党史研究》2011年第2期。

22.刘炜：《"民主评议"与岁入汲取：一种国家基础权力的强化逻辑》，《开放时代》2017年第6期。

23.千家驹：《调整公私关系以后》，《人民日报》1950年9月8日。

24.王金燕：《解放战争时期中国共产党接管城市工作的理论和实践》，博士学位论文，吉林大学，2010年。

25.王昆：《西柏坡时期加强党的纪律性研究》，《河北经贸大学学报》2017 年第 3 期。

26.魏文享：《工商团体与南京政府时期之营业税包征制》，《近代史研究》2007 年第 6 期。

27.伍丹戈：《论城市工商税捐》，《光明日报》1949 年 8 月 17 日。

28.武力：《一九五三年的"修正税制"及其影响》，《中国社会科学》2005 年第 5 期。

29.徐则浩：《王稼祥与党的城市政策》，《中共党史研究》2000 年第 5 期。

30.杨奎松：《建国前后中国共产党对资产阶级政策的演变》，《近代史研究》2006 年第 2 期。

31.杨奎松：《中国共产党对中国资产阶级的认识及其策略》，《近代史研究》1993 年第 3 期。

32.叶福林：《党的二大加强组织纪律性的社会因素解析》，《上海党史与党建》2012 年第 9 期。

33.张忠民：《"五反运动"与私营企业治理结构之变动——以上海私营工商企业为中心》，《社会科学》2012 年第 3 期。

34.赵发生：《江西省城乡贸易的新情况与新问题》，《江西政报》1951 年第 5 期。

35.赵晋：《落日余晖：新中国初期的私营工商业（1949—1954）——以上海刘鸿生家族章华毛绒纺织公司为个案的考察》，博士学位论文，华东师范大学，2014 年。

36.郑维伟：《虚实之间：上海"五反"运动中的新闻宣传析论》，《复旦政治学评论》2013 年第 13 辑。

37.周祖文：《动员、民主与累进税：陕甘宁边区救国公粮之征收实态与逻辑》，《抗日战争研究》2015 年第 4 期。

后　记

　　本书是在我的国家社科基金项目《新中国成立初期城市工商税收研究
(1949—1953)》（16BZS083）结题文本基础上修订而成的。

　　自进入学术研究以来，我的研究兴趣一直集中在中国现代人物、思想方
面，硕博学位论文写的都是人物思想。转入对新中国成立初期工商税收进行
研究，是基于撰写博士学位论文时涉及了1949年至1950年上海的城市工商
税收，其中的历史与问题引起了我的兴趣。2007年夏季博士毕业后，我便
着手相关研究。研究的这一转向，对我而言带来了一定的挑战，尤其是在
知识储备方面，财政税收的理论与历史等多方面的知识需要"填补"，这当
然就要时间；而档案资料的收集、整理也需要时间，其中阅读档案中字迹潦
草、缺文少字的重要文件就不只是费时的事，还费脑神与眼神，这也就更要
时间。此外，由于本人酷爱网球运动，只要天气允许，只要没有教学任务，
每周会有三四天的下午在球场上。这样，研究前期准备工作相关研究的进展
就较为缓慢了。2016年我以"新中国成立初期城市工商税收研究"为题申
报国家社科基金获得立项。课题设立了结题的时间节点，如同体育竞技比
赛，它促使我集中精力进入"比赛"状态，经过近3年的研究与写作，2019
年冬季完成了课题结题文本。

　　感谢评审我这一课题的评审们，谢谢你们的肯定性评语，我很高兴自己

的努力能被你们所认可；谢谢你们的批评性评语，正是基于你们的意见与建议，我对结题文本进行了修订、完善。

感谢在资料上给予我帮助的付鸿强先生和边江先生！

感谢江西师范大学马克思主义学院对本书的出版给予的资助！

感谢人民出版社各位编辑老师为本书出版付出的努力！

谢谢青山湖校区网球场上的球友们，与你们打球快乐无比！

谢谢家人亲友，尤其是我的母亲李树林、妻子曾嵘、妹妹蒋贤英、岳母邓明兰，你们的关爱是我人生的动力和意义！

课题有结题之日，研究无终结之时。本书肯定存在不妥之处，一切均由我负责。

蒋贤斌

责任编辑：池　溢
封面设计：石笑梦
版式设计：胡欣欣

图书在版编目（CIP）数据

新中国成立初期城市工商税收研究 .1949—1953 / 蒋贤斌 著 . —北京：
　人民出版社，2024.1
ISBN 978－7－01－026358－8

I. ①新…　II. ①蒋…　III. ①工商税－税收管理－研究－中国－1949—1953
　IV. ① F812.42

中国国家版本馆 CIP 数据核字（2024）第 039106 号

新中国成立初期城市工商税收研究（1949—1953）
XINZHONGGUO CHENGLI CHUQI CHENGSHI GONGSHANG
SHUISHOU YANJIU（1949—1953）

蒋贤斌　著

人民出版社 出版发行
（100706　北京市东城区隆福寺街 99 号）

北京九州迅驰传媒文化有限公司印刷　新华书店经销

2024 年 1 月第 1 版　2024 年 1 月北京第 1 次印刷
开本：710 毫米 ×1000 毫米 1/16　印张：13.5
字数：181 千字

ISBN 978－7－01－026358－8　定价：59.00 元

邮购地址 100706　北京市东城区隆福寺街 99 号
人民东方图书销售中心　电话（010）65250042　65289539